MOT À MOT

Lucy Keating

MOT À MOT

Traduit de l'anglais (États-Unis)
par Valentine Vignault

Michel LAFON

Du même auteur chez le même éditeur :

Dreamology

Titre original : *Literally*

Published by arrangement with Rights People, London

118, avenue Achille-Peretti
CS 70024 - 92521 Neuilly-sur-Seine
www.lire-en-serie.com

Ce livre est dédié à mes frères :
parfois mes bourreaux, souvent mes sauveurs,
toujours mes héros.

1

Réponse instinctive

Nous sommes dimanche après-midi, il est 15 h 02, et je devrais être en train de faire le ménage dans ma chambre. Non qu'elle soit très sale – elle ne l'est jamais. Non que mes parents me l'aient ordonné – ça ne leur viendrait pas à l'idée. Mais parce que c'est inscrit sur mon calendrier – surligné en jaune. Le jaune est réservé aux courses et aux tâches domestiques incontournables ; les devoirs sont en bleu ; le sport (course à pied sur la Promenade, surf avec mon père) en violet ; les rendez-vous (détartrage chez le dentiste, coupe de cheveux au salon The Hive) en rose vif ; enfin, les sorties comme le dîner avec Ava chez Papa's Poke Shop ou l'anniversaire de Nisha à Malibu sont surlignées en turquoise. J'ai nommé cette catégorie « Amis / Loisirs ». Il y a d'autres catégories, mais je ne veux pas vous assommer avec tous les détails. Je suis une personne très visuelle. Je tiens ça de ma mère. Je suis aussi très bien organisée. Ça, en revanche, je ne le tiens d'absolument personne.

Le problème, à l'heure actuelle, c'est que je devrais être en train de faire le ménage dans ma chambre, et que ce n'est pas le cas. Je suis allongée à plat ventre sur le sol du salon, les yeux plantés dans ceux de Napoléon qui, planqué sous le canapé beige, me fixe en retour d'un air de défi, une culotte à moi entre les crocs.

Je l'avertis :

– Napoléon, ne fais pas ça !

Il répond par un grondement.

L'autre jour, quand cette sale bête avait grogné après elle, Ava m'a dit qu'elle ne le prenait pas personnellement, parce que c'était une réponse instinctive.

– Parfois, le corps réagit de manière incontrôlée, pour nous faire savoir ce qu'on éprouve réellement, m'a-t-elle expliqué. Comme Nisha qui devient rouge tomate chaque fois que Ray Woods lui adresse la parole. Ou toi, quand tu transpires des aisselles pendant les devoirs sur table. Ou moi, qui dégueule systématiquement avant de prendre l'avion.

– Je ne transpire pas des aisselles pendant les devoirs sur table ! ai-je protesté.

Ava s'était contentée de sourire. C'est bien son genre, de dire des trucs pareils. De s'attarder non pas tant sur ce qui arrive que sur les causes de ce qui arrive. Elle a le chic pour essayer de considérer la situation sous un autre angle. Pour moi, ce n'est pas si compliqué. Les faits se produisent, ou ils ne se produisent pas. On s'arrange pour qu'ils se produisent, ou pas. Et j'estime que les réponses instinctives – rougir, ou transpirer, ou gronder – sont tout à fait malvenues.

Lentement, j'avance la main vers l'abri où Napoléon s'est retranché, et son grondement se fait plus menaçant. Je bats en retraite en levant les yeux au ciel, et j'aime à croire qu'il comprend très bien ce que je sous-entends.

Napoléon est le chien de mon père. C'est aussi mon ennemi juré. Ce n'est pas que je n'aime pas les chiens ;

je n'ai rien contre ces braves labradors qu'on voit allongés devant la cheminée dans les pubs pour soupe en sachets, par exemple, et qui ne font rien d'autre que remuer la queue. Ni contre ce bouledogue qui fait du skate avec des lunettes de soleil sur le museau, toute langue dehors. Mais Napoléon, c'est autre chose. Mon père l'a trouvé dans une ruelle, à côté d'un rat crevé, alors qu'il n'avait que quelques mois.

– Pauvre bébé, s'était-il attendri. Ce n'est pas une vie pour un chien !

Mais je connais la vérité. Je sais que Napoléon a provoqué ce rat en duel à mort, et qu'il a gagné.

La porte de la cuisine s'ouvre et ma mère entre, précédée de son iPad, son carré de cheveux blonds s'agitant au gré de ses mouvements. Jae, son nouveau stagiaire, est sur ses talons. Du moins, je crois que c'est Jae. Je ne vois pas son visage derrière la pile gigantesque de rouleaux de papier vélin – probablement les plans d'une énième splendide maison sud-californienne. Maman a pour spécialité de rénover les vieux bungalows ; elle a la réputation de savoir les moderniser juste assez sans perdre l'âme des lieux. Avec ses parquets de chêne massif et ses poutres apparentes, qui contrastent avec les murs d'un blanc éclatant et le mobilier années 1950, notre maison est l'une de ses meilleures réclames. L'un des coussins qu'elle est allée chercher en Inde (pour la touche exotique) est à cet instant coincé sous mes coudes.

– Qu'est-ce que tu fais par terre ? demande ma mère, les yeux toujours rivés à son iPad.

Elle pose son sac sur une chaise et, d'un geste de la main, désigne la table à Jae pour qu'il y dépose les plans. Tandis qu'elle sort deux eaux gazeuses du réfrigérateur, j'explique :

– Napoléon m'a volé ma culotte.

– Quel petit pervers, réplique-t-elle en tendant une bouteille à Jae.

Ce dernier me sourit poliment :

– Salut, Annabelle.

– Salut, Jae.

Je soupire. J'aimerais demander à ma mère d'éviter, si possible, de dire que notre chien est un pervers devant un stagiaire avec qui je n'ai jamais échangé plus de deux phrases d'affilée, mais je sais que c'est peine perdue. Ma mère se fiche totalement des convenances.

– Comment vas-tu t'y prendre pour la récupérer ? demande-t-elle en posant finalement l'iPad.

– Canicide, je réponds sans hésiter.

Elle rigole. Je me tourne de nouveau vers Napoléon. Il n'a pas bougé d'un cil.

Je chuchote :

– Espèce de monstre.

– Je vais faire comme si je n'avais pas entendu, dit mon père en débarquant dans la cuisine.

Comme d'habitude, ses cheveux poivre et sel lui donnent l'air d'être tombé du lit, et son jean est retroussé au-dessus de ses chevilles. On ne l'entend jamais arriver parce qu'il est toujours pieds nus. Si vous le lui faites remarquer, il répliquera que c'est tout le charme du travail à la maison. Il y a une blague ici, si vous êtes attentif. La blague, c'est que mon père n'a pas « travaillé » depuis des années. Il était scénariste télé jusqu'à la fin des années 1990, avant de vendre une série comique à une grosse chaîne. Et depuis l'épisode final, en 2006, il n'a pas remis les pieds dans un bureau. Il passe la plupart de ses matinées à faire du surf (il s'y est mis à la retraite) et à lire (ça, c'est depuis toujours). Il y a une plus petite maison derrière la nôtre, que mon père a baptisée sa « tanière ». C'est là qu'il lit, qu'il se tient au courant des dernières sorties et, à l'occasion, qu'il organise des réunions. Il y a passé plus de temps que d'habitude dernièrement, et il m'est arrivé de le voir en sortir au petit matin. Il doit travailler sur une nouvelle idée de scénario.

– Et si on prenait la voiture ? demande-t-il à la cantonade, tandis que je remarque son tee-shirt froissé. On pourrait aller vers Topanga State Beach, dîner tôt et regarder le coucher de soleil sur la plage. Qu'est-ce que tu en dis, toi ?

Son *toi* s'adresse toujours à moi. Je sais que c'est un peu étrange, comme si mon propre père était incapable de se souvenir de mon prénom, mais en fait c'est tout le contraire. Il a une manière de le dire qui me donne la sensation que je suis l'unique *toi* qui existe. Et c'est très agréable.

– J'ai déjà quelque chose de prévu, dis-je. Tu ne portais pas déjà ce tee-shirt hier ?

– Pardonne-moi ! s'exclame mon père en ignorant ma question. Quels sont tes projets ?

Je prends une seconde pour m'armer de courage, songeant que peut-être, si je parle très vite, ils ne se moqueront pas de moi et que nous pourrons passer à autre chose.

– Eh bien, je dois ranger ma chambre, et ensuite il faut que j'aille courir et…

Mon père coule un regard vers ma mère, genre : cette enfant est-elle bien la nôtre ?

– Et si tu bousculais un peu tes habitudes ? Juste

pour te prouver que le monde ne va pas s'écrouler si tu ne ranges pas ta chambre cet après-midi ?

Je fronce les sourcils, le temps d'envisager sa suggestion. Mon frère Sam déboule alors à son tour dans la cuisine. Il attrape une pomme, la croque à pleines dents, et m'aperçoit :

– Qu'est-ce que tu fiches par terre ? Napoléon t'a encore volé tes chaussettes ? articule-t-il entre deux bouchées.

– Sa culotte, corrige ma mère.

– Tu veux aller faire un tour en voiture ? lui demande mon père. Histoire de finir la journée au grand air. Toute la famille vient.

– Je ne suis pas disponible ! dis-je d'une voix forte.

Pourquoi ont-ils autant de mal à comprendre que si *eux* préfèrent déstructurer leur existence, ce n'est pas la manière dont *moi* j'ai choisi de vivre ?

– C'est ça, dit Sam en levant les yeux au ciel. Peut-être qu'entre ton ménage et ton jogging, tu pourrais trouver un petit créneau pour retirer le balai que tu as dans le…

– Sam, intervient mon père.

Mais je sens qu'il trouve ça drôle.

Je suis sur le point de laisser exploser ma colère, quand Napoléon décide de prendre la tangente. Comme un boulet de canon galeux, il sort de sous le canapé et file par la porte de la cuisine que Sam a laissée grand ouverte.

– Attrapez-le ! m'écrié-je.

Mais personne ne fait mine d'esquisser le moindre geste.

Je me précipite dans le jardin, mais j'ai perdu sa trace. Je m'agenouille au pied d'un massif d'hortensias et commence à scruter la végétation, tout en appelant Napoléon d'une voix aussi douce qu'hypocrite.

– C'est ça que tu cherches ? dit alors une voix narquoise.

Je me raidis en reconnaissant la voix, et me tourne lentement pour faire face à Elliot Apfel. Il est debout au milieu de la pelouse, ses épaules musclées soulignées par le coton fin de son tee-shirt. D'un air indéchiffrable sur son visage parsemé d'une poignée de taches de rousseur, il tient ma culotte, propre heureusement, entre le pouce et l'index de sa main droite.

Dans sa main gauche, Napoléon se tortille comme un porcelet mutant.

– Oui, marmonné-je en sentant le rouge me monter aux joues.

Je lui arrache prestement l'objet et rougis encore plus en me rappelant ce qu'Ava a dit. Puis je songe que s'il y a une personne sur terre face à laquelle j'aurais espéré ne jamais me retrouver une culotte à la main, c'est bien Elliot. Il ne me lâchera jamais la grappe avec cette histoire.

– Rose fuchsia, vraiment ? demande-t-il tandis que je tourne les talons pour rentrer chez moi.

– Tu es vraiment obligé de faire des commentaires ? dis-je sans me retourner.

– Tu t'attendais vraiment que je n'en fasse pas ? me lance-t-il.

Elliot est le meilleur ami de mon frère. C'était aussi le mien, quand on était petits. Nous avons le même âge. Nos mères ont fait la même école d'art, avant que la sienne ne se dirige vers la photographie. Mais quand Elliot a atteint l'âge de la puberté, il a commencé à avoir un comportement bizarre – et, franchement, très grossier. Puis il a eu une petite copine, puis une autre… Et encore une autre. Elliott a eu davantage de copines que je n'ai de catégories de couleur dans mon calendrier, ce qui me laisse perplexe, étant donné qu'il ne semble même pas connaître l'existence du shampoing.

Il est avec Clara pour le moment, et elle a tenu plus longtemps que presque toutes les autres. Clara est la chanteuse de Look at Me, Look at Me, le groupe qu'Elliot et Sam ont fondé ensemble, et la raison invoquée par mon frère pour ne pas aller tout de suite à la fac. Je suis presque sûre à cent pour cent que la vraie raison, c'est le surf, et je m'interroge : nos parents le savent-ils, eux aussi ? Je me demande si, comme moi, ils savent qu'il est très peu probable que Sam mette un jour le moindre orteil à la fac.

À la cuisine, ma famille est toujours en train de papoter, davantage comme une bande de colocataires que comme des humains partageant un patrimoine génétique.

– Elliot ! s'exclame mon père avec enthousiasme en le pointant du doigt. Je parie que, toi, tu es partant pour une balade en voiture.

– On ne peut pas, papa, intervient Sam. On a répète. J'ai totalement oublié, dit-il en se tournant vers Elliot. Désolé.

Elliot fourre ses poings dans ses poches.

– On va devoir décaler. Clara a décidé de quitter le groupe cet après-midi, ajoute-t-il en faisant la moue.

Connaître Clara Bernard, c'est connaître son Instagram. Tout ce que je sais d'elle, je le tiens de son compte. Comme elle poste surtout des selfies, dont une bonne partie où elle a la bouche collée au visage d'Elliot, il est difficile de saisir sa vraie personnalité. Ses publications sont soigneusement choisies : beaucoup d'images savamment éclairées, où elle apparaît sur la plage, en bonne Californienne ; ou bien appuyée à l'une des voitures de collection du magasin du père d'Elliot, ses cheveux bruns s'échappant d'une capeline en paille ; ou encore occupée à écrire les paroles d'une chanson dans un cahier, façon artiste maudite. La seule chose que Clara aime davantage que son compte Instagram, c'est son petit ami. Du moins, c'est ce que j'avais toujours pensé.

– Elle nous lâche ? demande Sam, les yeux écarquillés.

Elliott hausse les épaules.

– Apparemment, la chanteuse de He / She a une laryngite, et ils ont demandé à Clara de la remplacer.

– Bon, alors elle va revenir, conclut Sam, un brin nerveux, avant de se passer la main dans les cheveux.

Il a hérité de la tignasse de papa, épaisse, brune et bourrée d'épis, tandis que j'ai les cheveux de maman : beaucoup plus clairs que le blond californien. On serait plutôt de la famille Reine des neiges.

– Je veux dire, on est tous dans le même bateau, continue Sam d'une voix de plus en plus forte et aiguë alors qu'Elliot reste coi. C'est le plan. Et elle t'a, toi, couine-t-il. Elle ne te laisserait jamais tomber.

Pendant une fraction de seconde, le visage impénétrable d'Elliot s'assombrit.

Puis il déglutit :

– On s'est séparés.

Personne ne semble savoir comment réagir. Nous le dévisageons tous en silence tandis qu'il hoche la tête, comme pour répondre « Si, si, je vous jure » à la question que nous n'avons pas posée. Même s'il me sort par les yeux, même s'il a renversé un verre d'eau sur mon ordinateur portable le mois dernier en traversant notre salon en skate, même s'il m'a donné un surnom gênant devant le capitaine de l'équipe de water-polo jeudi dernier… Je dois admettre que j'ai un tout petit peu de peine pour lui. Certes, il ne lave jamais ses tee-shirts, et Clara a peut-être autant de profondeur qu'un bassin à poissons rouges mais, d'une certaine manière, ils allaient bien ensemble. Sans parler du fait qu'ils forment un couple super beau. Qu'ils formaient. Au passé.

Elliot soupire alors et, en baissant les yeux, je m'aperçois que j'ai toujours ma culotte à la main.

2

Les Bons Cafés

J'ouvre les yeux avec, comme tous les matins, l'impression que les palmiers m'espionnent. Ils penchent vers notre maison, tout bizarres et dégingandés, leurs grosses têtes touffues inclinées comme s'ils scrutaient l'intérieur de ma chambre.

Quand les gens pensent à Los Angeles, ils ont l'image d'une ville qui s'étend sur des dizaines de kilomètres, avec la circulation automobile que cela implique. Ou bien ils songent aux villas de Beverly Hills, aux allées parées de voitures de sport d'un noir étincelant, cachées derrière des murs recouverts de lierre.

En général, c'est parce qu'ils ne sont jamais allés là où nous vivons : Venice. Pas la Venise italienne, avec ses canaux et ses palais au bord de l'engloutissement. Ma Venice a de jolis petits bungalows, des clôtures bordant des buissons de fleurs aux couleurs vives, des voitures de collection que la douceur du climat californien a préservées, et des gens qui font du vélo avec une planche de surf coincée sous le bras. Je ne me suis pas promenée aux quatre coins du monde, mais je suis quasiment sûre qu'il n'y a pas beaucoup d'endroits comme celui-là, et j'adore y vivre. On m'a dit plus d'une fois que je pouvais être un peu collet monté par moments, et j'aime à penser que Venice contrebalance cette tendance chez moi.

Cela dit, notre adresse est vraiment un endroit à part. C'est une maison artisanale authentique qui date du début du XXe siècle, à l'époque où le quartier était en train de sortir de terre. Mais elle a un étage, ce qui était rare alors, d'après ma mère. Située à l'angle du pâté de maisons, c'est une vraie présence dans notre rue. Ma chambre, juste au coin, est baignée de cette lumière matinale presque magique.

Mes parents ont acheté cette maison il y a vingt ans, quand Venice était encore peuplée par des artistes, des vagabonds et des gens qui vivaient dans leurs minibus. Il y a cette campagne en ce moment, baptisée *Keep Venice Weird*. De vieilles cabanes sont transformées en maisons d'architectes à trois millions de dollars. Un magasin d'encens sur Abbot Kinney Boulevard vient de fermer pour laisser la place à une boutique de donuts faits maison. On ne peut plus trouver un café à moins de cinq dollars. Les gens craignent que leur quartier perde tout ce qui faisait son charme.

Lorsque je descends pour le petit déjeuner, ma famille est agglutinée autour de la table de la salle à manger, penchée sur la rubrique « Arts » du *Los Angeles Times*. Quelqu'un est allé chercher des cafés au nouveau bar hors de prix sur Electric Avenue, ce qui peut signifier deux choses : soit nous fêtons une bonne nouvelle, soit nous venons d'en recevoir une mauvaise. En m'approchant du journal, je vois une photo de notre maison, en plein milieu de la première page.

Je m'exclame :

– Je ne savais pas qu'elle serait en une !

– Évidemment que si, dit mon père en posant sa main sur l'épaule de ma mère. Elle est exactement là où elle devrait être.

Ma mère lui fait un petit sourire crispé, et une émotion curieuse m'envahit. Ils étaient tout le temps comme ça, avant. Une main sur une épaule, le pied de l'un posé sur les genoux de l'autre en regardant un film. Mais il y avait un moment que je n'avais pas vu ces gestes-là.

Il y a quelques mois, une femme du nom de Mathilda Forsythe s'est présentée à notre porte. Mathilda rédigeait un article sur La Maison pour le *LA Times*, avait expliqué ma mère. Elle avait passé l'après-midi à tout examiner du sol au plafond, réclamant des détails sur *l'origine* des objets, demandant s'ils étaient *éco-responsables*, notant tout au fur et à mesure dans son Moleskine. Le lendemain, elle était revenue avec un photographe à chignon et biceps apparents nommé Silas, qui avait pris quelques clichés de notre famille sur le canapé bleu outremer du salon, ainsi que de ma mère seule sur la galerie extérieure, accoudée à la rambarde, avec un sourire qui disait : *Eh oui, tout ça est à moi.*

– C'est trop cool, dis-je. Il faut qu'on le fasse encadrer ! C'est tellement classe d'avoir un article sur ta maison *dans* ta maison.

C'est une blague, le genre de blague que nous aimons faire d'habitude, mais personne ne rit, et j'intercepte un échange de regards entre mes parents. Mon frère a l'air bizarre lui aussi. Qu'est-ce que j'ai raté ?

– Quoi ? finis-je par demander.

– Tiens, dit mon père en poussant un gobelet de café dans ma direction. J'ai pris ton préféré ; j'ai même pensé à ajouter de la cannelle.

Je ne fais pas un geste pour le prendre, même s'il sent divinement bon. J'ai bien compris que ces cafés n'étaient pas là pour accompagner une bonne nouvelle. Ce sont les cafés des mauvais jours.

J'insiste :

– Que se passe-t-il ?

– Le moment n'est peut-être pas idéal… commence mon père, mais ma mère l'arrête, d'une voix basse mais parfaitement audible.

– Il le faut, Ezra. Elle nous en voudra encore plus si nous ne lui disons pas maintenant.

J'ai en effet très peu de goût pour les secrets. Je hais l'ambiguïté. Je n'aime pas m'interroger ; j'ai besoin de savoir. J'envisage de leur rappeler les bases de mon fonctionnement, mais la peur qui me serre soudain la gorge me coupe dans mon élan.

– Ta mère et moi avons réfléchi, dit mon père. À propos de notre vie ici. On pense qu'il est peut-être temps de changer.

Il se tait un instant, et je vois combien il lutte pour prononcer chaque mot.

Ma mère prend le relais :

– Ça nous travaillait depuis quelque temps ; et maintenant, avec la publication de cet article… Papa a parlé avec votre tante Sandy, et elle a dit que c'était le bon moment.

Je les dévisage, tâchant de comprendre où ils veulent en venir.

– Qu'est-ce que vous êtes en train de me dire, au juste ?

– Ils vendent la baraque, AB, intervient Sam avec impatience.

Ma mère soupire, et mon père se passe la main sur le visage d'un air fatigué.

– Merci, Sam, dit-il.

– Mais pourquoi ? dis-je en secouant la tête, incrédule. C'est notre maison. Et… (je pointe l'index vers l'article du *Times*) elle est célèbre ! Pourquoi est-ce que vous voulez vendre une maison qui est célèbre ?

Un étrange silence se fait. Personne ne coupe la parole à quiconque. Mes parents ne disent pas un mot. Même Sam ne bronche pas.

– Tata Sandy est agent immobilier en Floride, insisté-je. Qu'est-ce qu'elle y connaît ?

Pourquoi ai-je le sentiment que tout le monde plane à dix mille ? Que je dois tout leur expliquer de A à Z ?

– Je t'avais dit que le moment était mal choisi, dit doucement mon père. Je t'avais dit qu'elle poserait des questions.

– Oh, alors quel serait le bon moment, selon toi, Ezra ? demande ma mère d'un ton acide. Quand les deux camions de déménagement se gareront devant la maison ?

Mon père lui lance à présent un regard que je n'avais jamais vu entre eux. Comme s'il la connaissait à peine. Ça me fait peur, et je me rends compte qu'il ne s'agit plus du tout de la maison. Il se passe quelque chose de bien plus grave. Peut-être est-ce quelque chose que je pressens depuis un moment.

Ma question sort dans un murmure :

– Pourquoi… deux camions de déménagement ?

La mâchoire de mon père se crispe, et il lâche d'une traite :

– Ta mère et moi avons décidé de vivre séparément quelque temps. On ne voulait pas t'en parler tout de suite… On voulait te tenir au courant pour la maison, au cas où des agents immobiliers passeraient dans la semaine. Ce n'était pas censé se passer comme ça.

Je me tourne vers Sam.

– Tu le savais ?

Évitant mon regard, Sam fixe mon père avec colère.

– Je vous l'avais dit, qu'il valait mieux que je la mette au courant ! s'exclame-t-il avant de baisser les yeux sur son assiette. Je ne voulais pas te le cacher, AB.

J'ai l'impression que le monde vacille. Que la table du petit déjeuner part à la renverse. Qu'un gouffre s'ouvre sous mes pieds. J'appuie mes mains sur mes yeux pour chasser le vertige. Je ne comprends pas ce qui se passe. C'est notre famille. C'est notre maison. C'est comme ça que ça marche.

– Je me doute que tu es bouleversée mais, je t'assure, une fois que tu seras installée à Columbia, ta vie va tellement changer… Tu ne seras presque plus là, explique mon père.

Comme si j'avais besoin qu'on me rappelle que j'allais bientôt déménager à l'autre bout du pays, dans cette fac où tout me sera inconnu, les lieux comme les gens.

– Justement ! Ma vie va tellement changer que j'aurai *besoin* de retrouver ma maison comme elle est maintenant, dis-je, et ma voix se brise tandis que je lutte pour retenir mes larmes.

Je n'aime pas ça du tout. Je n'aime pas être déplacée. Je n'aime pas les perturbations.

– Eh bien, ma chérie, malheureusement, ce n'est pas toi qui décides, dit ma mère.

Je déteste quand elle prend ce ton avec moi. Comme si elle compatissait, alors qu'en réalité elle se fiche complètement de ce que j'éprouve. Ça m'énerve surtout parce qu'elle fait tout le temps ça quand elle a raison.

– C'est à ton père et à moi de trancher et, crois-moi, ça nous a dévastés. Mais c'est la décision qu'il fallait prendre. De ton côté, il va seulement falloir que tu tâches de comprendre.

Je voudrais me disputer avec elle. La menacer de quelque chose, lui lancer un ultimatum, je ne sais pas. Mais le plus effrayant dans l'histoire, c'est que je n'ai aucun pouvoir. Je ne peux pas décider qu'ils restent mariés, ni qu'ils continuent de vivre ensemble, ni quoi que ce soit. Il n'y a rien à dire. C'est alors que ma mère étouffe un sanglot ; je réalise qu'elle n'a pas plus envie de se disputer que moi.

– Euh, salut... dit doucement une voix derrière nous.

C'est Elliot, qui se tient dans l'encadrement de la porte. Pourquoi est-ce toujours quand je n'ai aucune envie de le voir qu'il apparaît ? Il toque rapidement contre le mur.

– Désolé de vous interrompre...

– Pas de problème, mec, soupire Sam. Quoi de neuf ?

Elliot me jette un bref regard.

– Hum, je te rapportais le câble que tu m'as prêté hier soir pour ma voiture. Je voulais passer te le déposer avant de partir au lycée.

Il le pose sur la table et s'apprête à repartir.

– Désolé de vous interrompre, répète-t-il.

Je fixe le câble en serrant les dents. Elliot se dirige vers la porte en faisant tinter ses clés de voiture dans sa main, quand mon père sort de son silence.

– Elliot ! Ça t'ennuierait de conduire Annabelle au lycée, aujourd'hui ?

– Non, pas de problème.

Troublé, Elliot nous regarde tour à tour, mon père et moi.

– On pourra en reparler plus tard, me dit papa.

Il approche sa main de la mienne, mais je me dérobe.

Alors il reprend, à l'adresse d'Elliot :

– Merci, mon grand. Il semblerait qu'on ait un café en rab, si ça t'intéresse.

Et, comme si de rien n'était, mon propre père tend mon grand crème à Elliot Apfel.

*

* *

– Puisque tu as le droit de conduire ces petits bijoux, tu devrais faire un peu plus d'efforts pour ne pas les salir, dis-je en époussetant le sable de mon jean blanc.

Le père d'Elliot possède un garage de voitures anciennes sur Lincoln Boulevard, où tous les accessoiristes des grosses productions viennent se fournir quand ils travaillent sur le tournage d'un film d'époque. S'il n'a pas ce qu'on cherche, il peut le trouver : telle est sa devise.

Nous roulons à présent sur Lincoln Boulevard, qui relie Venice à Santa Monica ; c'est là-bas que se trouve notre lycée. Je suis d'humeur massacrante, je m'en rends compte. Mon univers vient de s'écrouler. Je rumine les paroles de mon père, ce « vivre séparément ». Qu'est-ce que ça veut dire, au juste ? Ça paraît temporaire, dit comme ça. Mais vendre La Maison ? Ça, c'est beaucoup plus… définitif. Je pousse un soupir en regardant au-dehors, mais Elliot ne réagit pas ; il se contente de conduire, le visage tranquille.

J'ignore pourquoi il est aussi serein, mais comme je suis un peu gênée d'être de si mauvaise compagnie, je marmonne :

– J'adore cette chanson.

– Rose fuchsia, vraiment ? réplique-t-il, et je regrette aussitôt d'avoir voulu être aimable.

– Si tu parles encore une fois de mes sous-vêtements, je prends une batte de base-ball et j'éclate ton pare-brise, dis-je froidement tout en examinant ma coiffure dans le rétroviseur. Et sur une BMW aussi rare que celle-ci, ça va te coûter au moins deux mille balles.

Elliot renifle.

– C'est tellement bizarre que tu t'intéresses autant aux bagnoles.

– Pourquoi ? dis-je en réarrangeant mes affaires dans mon sac.

Une place pour chaque chose, chaque chose à sa place.

– Parce que chez toi vous ne bichonnez pas du tout les voitures. Vous les usez jusqu'à ce qu'elles soient bonnes pour la casse. Mon père passe son temps à venir récupérer tes parents sur le bord d'une route, chaque fois que leur épave du moment vient de rendre l'âme. Il dit qu'ils ne sauraient même pas distinguer une Mazda d'une Mercedes.

– Et alors ?

– Alors, je me demande d'où tu sors, toi.

Je hausse les épaules.

– Une voiture, c'est magnifique. C'est le mariage parfait entre forme et fonction. Quand c'est bien fichu… Ce qui n'est plus le cas depuis, genre, les années 1980.

L'atelier du père d'Elliot abrite de tout, des Volkswagen Coccinelle des années 1960 jusqu'à une Volvo de 1972 avec hayon en verre intégral. Et quand une voiture passe un peu trop de temps au garage, comme la superbe décapotable blanche dans laquelle nous sommes présentement assis, Elliot est autorisé à la sortir. Tout ce qu'il doit faire, c'est placer un petit panneau À VENDRE sur le tableau de bord chaque fois qu'il se gare quelque part, comme à l'école, ou bien devant le café où il s'arrête tous les matins après être allé surfer.

– Attends un peu, qu'est-ce que tu viens de dire ? Tu aimes Paper Girl ? demande soudain Elliot en désignant les haut-parleurs et la musique qui en sort. *Toi ?* Tu aimes Paper Girl ?

Son air légèrement dédaigneux se mue en surprise totale. Une main sur le volant, il a sorti son bras par la fenêtre. Il me dévisage en inclinant la tête, comme s'il lui fallait faire un effort considérable pour croire à ce que j'ai dit.

– Pourquoi je n'aimerais pas ? Tu n'es pas le seul être autorisé à les aimer. Pas besoin d'une carte de membre des Flemmards Anonymes pour apprécier la bonne musique.

Sur le côté est de Lincoln Boulevard, nous passons devant notre sixième boutique de donuts. Je tiens les comptes. On recense davantage de boutiques de donuts aux graines que de stations-service à Los Angeles. Sam dit qu'il s'agit sûrement de façades pour des trafics de drogue, mais qu'est-ce qu'il en sait ?

– Tu es vraiment une purge, ce matin, remarque Elliot, les yeux rivés sur la route.

– Toi, c'est en permanence, répliqué-je.

Nous nous arrêtons à un feu rouge à côté d'un coupé Lexus noir brillant. Côté passager se dresse une boule de poils blanche surmontée d'une paire d'yeux perçants et d'un nœud rose, les pattes appuyées à la vitre. La boule de poils fixe Elliot avec intensité.

– Qu'est-ce qui t'arrive, Bellybutton ? roucoule Elliot. (Il m'a affublée de ce surnom quand nous étions petits, et il continue de s'en servir pour me torturer.) Tu n'as eu qu'un 19 et demi à ton dernier devoir, c'est ça ?

J'éclate d'un rire amer.

– Figure-toi que j'ai réellement des problèmes. Mes parents vont sans doute divorcer, et ils vendent La Maison. Et j'ai plein de sable sur mes vêtements à cause de ta bagnole dégoûtante, ajouté-je en frottant mon jean.

– C'est moche, commente-t-il en tournant dans le parking du lycée. Sam m'en a parlé hier soir. J'adore tes parents. Je me sens plus proche d'eux que de mes propres parents. Sans parler de votre maison.

Elliot et son père vivent plus près de la plage, dans un appartement qui n'a rien de minable, mais qui manque de chaleur. C'est normal, ils n'y sont jamais. La plupart du temps, Elliot est chez nous, occupé à préparer le petit déjeuner dans la cuisine ou à jouer de la batterie dans le garage. Ou bien, lorsque mon frère n'est pas encore rentré, il s'affale simplement sur le canapé de ma chambre sans y avoir été invité, et il raconte des histoires débiles en collant des miettes de chips partout alors que j'essaie de finir un devoir de maths.

– Pardon ? C'est tout ce que tu trouves à dire ? C'est toute mon enfance qui part en morceaux, et *c'est moche* ?

Elliot se gare avant de planter ses yeux couleur de sirop d'érable dans les miens.

– La vie est dure parfois, Bellybutton. Moins souvent pour toi que pour les autres, c'est vrai.

– Oh, je t'en *prie* !

Il a parlé d'un ton condescendant, comme pour m'asticoter, mais il n'a pas complètement tort. Ses parents ont divorcé quand il était petit, et son père s'est jeté à corps perdu dans le travail à la suite de ça. Pour réussir à passer un peu de temps avec lui malgré tout, Elliot travaille à mi-temps au garage. Quant à sa mère, elle s'est installée dans une communauté d'artistes à Hawaï. Maman dit que c'est pour ça qu'Elliot est si instable. La vie n'a pas été très douce avec lui.

Mais je n'ai pas envie de penser aux problèmes d'Elliot pour le moment. J'ai assez à faire avec les miens.

– Laisse tomber. Merci de m'avoir déposée, dis-je sèchement.

Je me recoiffe et m'apprête à ouvrir la portière.

– Hé, Annabelle ?

Lorsque je me retourne, il ne me regarde pas, il s'est penché pour ramasser son téléphone sous le tableau de bord.

– Ne t'en fais pas pour tes vêtements. Je t'assure. Avec ce jean, personne ne va faire attention au sable.

Je me fige. Il relève les yeux, croise mon regard et le soutient. Il a cette espèce de sourire matois, même quand il ne sourit pas, qui donne toujours l'impression qu'il mijote quelque chose. Il en joue avec les profs, avec les serveuses, avec les filles qu'il drague… et avec moi.

Je fronce le nez. Il se fiche de moi, là ? Elliot n'est pas du genre à me complimenter sur ma tenue. Non, son genre, c'est plutôt de prendre la pomme sur mon plateau à la cafétéria et à s'éloigner sans même un merci. Le genre à m'emprunter mes livres de cours par flemme de se les acheter lui-même, et à ne pas me les rendre, m'obligeant à lui voler ses clés de voiture pour les récupérer. Mais plus les secondes s'écoulent, plus je réalise qu'il n'est pas en train de blaguer. Il esquisse alors un petit sourire suffisant, et j'ai soudain envie de lui en coller une.

– Espèce de porc, dis-je en sortant de la voiture.

Je claque la portière et m'éloigne d'un pas décidé. Sans me retourner.

3

Bienvenue !

L'option arts plastiques est une exigence comme seule une école aussi baba cool que Cedar Spring peut en avoir. Avant de terminer le lycée, il faut avoir suivi trois cours qui *sollicitent l'esprit créatif de manière spécifique*. J'avais choisi la poterie une année ; ma production de tasses et d'assiettes avait été considérable. Au moins j'avais fabriqué des objets utiles, fonctionnels. Puis je m'étais tournée vers l'art de la sculpture d'extérieur, enseigné par un prof en résidence qui avait distribué de bonnes notes à tout le monde. Cette année, me voilà coincée avec le cours de création littéraire.

L'ironie ne s'arrête pas au fait que je déteste écrire de la fiction alors que mon père est un scénariste télé à succès. C'est aussi que j'ai plutôt une bonne plume. J'avais rejoint l'équipe du journal du lycée en première année, et j'avais été propulsée rédactrice en chef dès le printemps de l'année suivante. Demandez-moi un papier de cinq mille signes sur la discrimination potentielle lors des conseils de discipline ; je peux vous pondre ça pour la fin de la matinée. Je suis également capable de faire dans la dentelle, avec des articles de fond sur la pression pour aller dans la bonne université. Tout est question de mots : je me débrouille à merveille pour agencer ceux qui sont déjà présents, prêts à être cueillis. Mais quand l'histoire n'existe pas encore, je me retrouve face à eux comme une poule qui aurait trouvé une fourchette.

Pour le premier devoir, j'ai essayé de faire comme si de rien n'était. Il fallait écrire une scène depuis quatre points de vue différents, et j'avais choisi de travailler sur un petit déjeuner en famille. Mais sur la page, les personnages avaient l'air de bêtes robots qui se regardaient fixement par-dessus les œufs brouillés en réclamant parfois un verre de jus d'orange. J'étais tout simplement incapable d'imaginer la scène depuis autant de points de vue. Comment quatre personnes pouvaient-elles vivre différemment le même événement ?

Mme Epstein a suggéré que je cherchais peut-être mon sujet trop près de chez moi.

– Notre vie n'est fascinante que pour nous-mêmes, avait-elle déclaré. Pour la prochaine fois, à titre d'exercice, je veux que tu imagines une histoire qui n'a rien à voir avec ta propre vie. Un personnage différent de toi. Qui n'a pas ton âge. Et qui vit ailleurs qu'ici. Tâche de te faire la main là-dessus.

J'avais essayé. Et échoué de nouveau.

Epstein débarque dans la classe en s'excusant de son retard, les bras chargés de feuilles qui s'échappent en virevoltant autour d'elle. Quelques lycéens qui comptaient sur la limite des dix minutes de retard s'échappent en douce derrière son dos, sans qu'elle les remarque. Je serre fermement mes mains entre mes genoux, tâchant de me préparer à la torture du jour. Un travail de groupe ? Ou, pire encore, une lecture à voix haute ?

Mais Epstein jette sa paperasse sur son bureau, pose

les mains à plat dessus et se penche vers nous avec un grand sourire.

– D'habitude, nous passons cette heure ensemble à créer, à critiquer et à mettre vos textes en forme, déclare-t-elle en se redressant, son poignet droit décrivant des cercles comme si elle peignait sa pensée pour nous. Mais j'ai eu envie de nous offrir une petite récréation, pour pouvoir vous présenter l'une de mes amies. C'est une écrivaine connue en littérature jeunes adultes, et elle est venue aujourd'hui nous parler du processus créatif, de l'édition et de la possibilité de faire carrière grâce à cette créature caractérielle que nous appelons écriture. Je vous prie d'accueillir ma chère amie et camarade d'université, Lucy Keating.

Une femme apparaît à la porte. Plutôt grande, avec de longs cheveux bruns ondulés, du rouge à lèvres et des lunettes à grosse monture noire. Elle porte une chemise de soie blanche immaculée avec un jean tout simple et d'élégantes bottines noires. Coincé sur son épaule, un sac en cuir bleu dragée qu'elle pose sur le bureau en entrant, avant de nous adresser un sourire chaleureux.

– Bonjour ! dit-elle avec un petit salut de la main. Je vais me présenter rapidement, parce que les gens préfèrent en général poser des questions. Je m'appelle Lucy Keating, et j'ai écrit six romans pour jeunes adultes, dont cinq ont figuré dans la liste des meilleures ventes du *New York Times*. J'ai obtenu un diplôme de littérature à l'université Brown avant de trouver un poste dans une maison d'édition new-yorkaise. J'écrivais la nuit et j'ai fini par convaincre mes employeurs de publier mon premier roman, *Dans une autre vie*. Ensuite, j'ai suivi un master de création littéraire à Columbia, où j'ai rencontré la fabuleuse Ruth Epstein… (Elle marque une pause pour sourire à notre prof.) Et je viens de quitter New York pour LA, où je me suis installée avec les sacs à puces qui me servent de chiens. J'adore le soleil californien, mais les gens désagréables me manquent, conclut-elle avec un sourire ironique, et je vois bien qu'elle ne plaisante qu'à moitié. Ah, déjà une question par ici ?

Maya Davis lève la main tellement haut qu'elle semble vouloir toucher le plafond.

– Est-ce que vous avez prévu d'écrire une suite à *Dans une autre vie ?* balbutie-t-elle en rougissant.

Je réalise que Maya est complètement fan, et ça me revient tout à coup : c'est à cette Lucy Keating-là qu'on doit tous les livres romantico-tragiques qui font toujours tant d'effet aux glandes lacrymales de ma meilleure amie, Ava. Une fille et un garçon qui tombent désespérément amoureux l'un de l'autre l'été avant son départ pour l'Irak. Un garçon des cités qui s'entiche d'une fille des beaux quartiers envers et contre tout. Une flopée d'adaptations cinématographiques ont suivi la parution de ses livres ; les affiches montrent toujours un couple enlacé, l'air dramatique et, en général, au moins l'un des deux tourtereaux est en train de pleurer. Je les trouve ridicules, et parfaitement invraisemblables.

– Peut-être un jour, répond Lucy d'un ton enjoué sous lequel je discerne une pointe de nervosité. J'adore ces personnages, mais je me suis un peu lassée d'écrire ce genre d'histoires. Elles sont tellement tristes… (Son regard se perd dans le vague un instant, puis elle cligne des yeux.) Disons que je n'ai envie d'écrire que des histoires qui finissent bien, ces jours-ci. Je pense que mes personnages l'ont bien mérité, pour changer.

Elle jette un regard dans ma direction, et je me sens soudain toute chose ; la seconde d'après, c'est fini.

– Est-ce que vous pouvez nous dire sur quoi vous travaillez en ce moment ? demande Maya, suspendue aux lèvres de son idole.

Lucy hoche la tête, et je décroche un instant. Par la fenêtre, j'aperçois Elliot en train de discuter avec des filles qui n'ont pas cours à cette heure-ci. Je serais prête à parier deux cents dollars que lui, si. Mes pensées reviennent à notre conversation de ce matin et à son commentaire bizarre au sujet de mon jean, quand la réponse de Lucy se fraie un chemin jusqu'à mes oreilles.

– … Et j'ai trouvé beaucoup d'inspiration en m'installant à Los Angeles. En ce moment, je travaille sur l'histoire d'une fille qui habite à Venice Beach avec ses parents et son grand frère…

Je me tourne de nouveau vers elle, presque malgré moi.

– Ah, et bien sûr, avec leur drôle de petit chien, qui est une vraie usine à bêtises !

Lucy part d'un petit rire, et toute la classe lui emboîte le pas. Sauf moi. *Attends voir…*

– Sa vie est relativement idéale, reprend Lucy, et elle a le sentiment de tout contrôler ; mais en grandissant elle apprend que la vie n'est pas si simple. Par exemple, tout n'est pas aussi lisse qu'elle le croyait sous son toit.

C'est à mon tour de boire ses paroles, à présent, et de la dévisager en plissant les yeux. J'ai la gorge sèche, tout à coup.

Lucy s'assoit sur le bureau et pose ses mains sur ses genoux.

– Et en parlant de toit, comme ses parents sont en train de se séparer – peut-être même de divorcer – ils ont décidé de vendre leur maison. C'est un endroit vraiment particulier, dans un quartier très animé. Et mon héroïne a vécu là toute sa vie, de sorte qu'elle est très affectée par cette histoire.

Des murmures et des *Hmmm* pensifs s'élèvent de la classe alors que mon cœur se met à battre la chamade.

Je regarde autour de moi en fronçant les sourcils, et finit par demander à voix haute :

– C'est une blague ?

Tout le monde fait aussitôt silence.

– Annabelle ? demande Mme Epstein, davantage sur le ton de l'accusation que de l'interrogation. Pourquoi Lucy plaisanterait-elle au sujet de son travail ?

– Dé… Désolée. C'est juste que… c'est ma vie, qu'elle vient de décrire.

Pour toute réponse, Lucy me considère froidement, la tête inclinée sur le côté. Je me trémousse sur ma chaise, mal à l'aise. Mme Epstein éclate alors de rire et pose sa main sur l'épaule de Lucy.

– C'est bien ce qui fait d'elle un tel génie ! Nous avons tous la sensation que, d'une certaine manière, c'est notre vie qu'elle raconte !

La main de Maya jaillit de nouveau en l'air, et Lucy m'oublie pour lui donner la parole d'un petit signe de tête.

– Et… Est-ce qu'il y aura une histoire d'amour ?

– À ton avis ? réplique Lucy avec un large sourire.

Maya sourit à son tour, et c'est alors qu'une silhouette s'encadre dans la porte.

C'est un garçon de notre âge, que je n'avais jamais vu auparavant. Et le net déclin des bavardages chez mes camarades m'indique que je ne suis pas la seule à le trouver digne d'intérêt.

C'est à cause de son visage, peut-être. Ou c'est la manière dont il se tient, menton levé, torse bombé. Ou ses grands yeux bleus en amande qui sourient indépendamment de sa bouche. Je ne me l'explique pas bien, mais c'est comme si nous étions tous de simples figurants à qui la vedette du film rendait visite.

– Tu es pile à l'heure, s'exclame Lucy, ce qui me perturbe un peu, car il ne l'est pas du tout. Bienvenue !

Le garçon lève la main pour nous saluer.

– Bonjour, dit-il, un peu trop bas.

Puis il s'éclaircit la gorge pour reprendre d'une voix nette et débarrassée de toute gêne, comme s'il ne lui avait fallu qu'une seconde pour trouver ses marques :

– Bonjour ! Je m'appelle Will.

Will. Je répète ce nom dans ma tête. Classique. Solide. Beau. Tout désigné pour gouverner un pays.

– Ah oui, c'est vrai, intervient Epstein en se frappant le front du plat de la main. Will Hale. Te voilà, déclare-t-elle après avoir farfouillé parmi les papiers qui jonchent son bureau. (Elle parcourt le document.) Ce n'est pas fréquent de changer de lycée en milieu d'année.

– Non, madame, convient-il avec un hochement de tête, et sa politesse me surprend. Ce n'est pas moi qui ai pris cette décision, mais je tâche de faire avec.

Epstein lui sourit, manifestement sous le charme.

– Eh bien, vas-y, installe-toi. Je crois qu'il y a une place à côté d'Annabelle, dit-elle en me désignant d'une main, tandis que de l'autre elle s'évente avec ses papiers.

Non, pas du tout, suis-je sur le point de répliquer. Il y a Izzy Ross à côté de moi. Enfin, il y avait. Ne la voyant pas à sa place, je me tourne ; elle s'est installée au fond de la salle, d'où elle consulte en douce son téléphone caché sous son bureau.

Occupée à la fixer, je ne remarque pas que Will s'est avancé. Et au moment où je lève mon regard vers lui, mon stylo tombe à terre – alors que j'avais les mains posées sur mes genoux. Que se passe-t-il ?

Galamment, Will s'accroupit pour ramasser le stylo avant de me le rendre, mais ses yeux s'élargissent comme des soucoupes en rencontrant les miens.

– Salut, dit-il en clignant plusieurs fois des paupières.

Ces yeux…

– Salut, lui dis-je à mon tour en récupérant mon stylo ; mais comme il ne bouge pas, j'ajoute en murmurant : Quoi ?

Il me dévisage une seconde de plus, puis secoue la tête et se racle la gorge.

– Euh, rien.

– Alors pourquoi tu restes accroupi par terre ? C'est bizarre, non ?

– Exact, répond-il avant d'entreprendre de s'installer discrètement à sa place.

Ce qui est à peu près impossible quand vous êtes non seulement le nouveau, mais surtout et de loin le mec le plus mignon à avoir jamais arpenté les couloirs de Cedar Spring.

*

* *

Lucy Keating balance son sac à main à l'arrière d'une Volkswagen Coccinelle de collection lorsque je la rejoins sur le parking.

– Jolie voiture, dis-je en m'approchant.

– Merci, répond-elle, pas du tout surprise de me voir, comme si elle ne venait pas de résumer ma vie devant tout le monde.

Je me tais un instant avant de reprendre la parole, parfaitement consciente de l'énormité que je m'apprête à proférer. Mais je n'ai pas le choix. C'est trop étrange.

– Je ne sais pas comment ni pourquoi vous faites ça, mais j'aimerais vraiment que vous arrêtiez d'écrire sur ma vie, dis-je avant de déglutir.

Lucy laisse échapper un petit rire et se tourne vers moi, une main sur la voiture et l'autre sur sa hanche. Je m'attends qu'elle me traite de cinglée. Mais non.

– Annabelle, je n'écris pas *sur* toi. C'est *toi* que j'écris.

Je bats des paupières.

– Je ne comprends pas.

– Tu es dans mon livre, dit-elle, comme si tout était normal. Tu es un personnage. Comme tout le monde, en fait, précise-t-elle, et sa main qui tient les clés de voiture esquisse un geste en direction de mon lycée.

Je regarde autour de moi en espérant que quelqu'un d'autre a été témoin de la scène. Je sais que les auteurs ont la réputation de ne pas être tout à fait sains d'esprit – trop de temps passé à ne parler qu'à eux-mêmes – mais là, c'est un peu fort.

– Très drôle. Ça ne rime à rien, ce que vous dites.

– Ce qui est plutôt drôle en vérité, c'est que c'est

parfaitement logique au contraire, si tu y réfléchis. Certains de mes personnages demandent à être entendus. D'autres restent sagement dans un tiroir, en attendant leur heure. Voyant ma tête, elle conclut : Tu ne me crois pas.

– Bien sûr que non, je ne vous crois pas ! explosé-je. Qu'est-ce que vous pensiez que j'allais dire ? *Ah, super, et il se passe quoi ensuite ?*

– C'est normal, dit-elle en haussant les épaules, avant de se détourner pour monter dans sa voiture. Ça n'a pas vraiment d'importance, de toute façon.

Je m'apprête à rétorquer quelque chose quand une voix grésille dans les haut-parleurs du lycée : « Annabelle Burns est priée de se rendre au bureau du Dr Piper, s'il vous plaît. »

Je soupire. *Piper*. Qu'est-ce qu'elle peut bien me vouloir, elle ?

« Annabelle Burns est attendue au bureau du Dr Piper », répète la voix.

– Tout se déroule comme prévu, on dirait.

Lucy m'adresse un clin d'œil avant de fermer sa portière et de baisser la vitre.

– Amuse-toi bien !

Puis elle quitte sa place de parking et me laisse là, seule et complètement déboussolée.

4

Elle n'est pas très douée question garçons

Quelqu'un comme moi ne devrait pas avoir l'habitude d'être convoqué dans le bureau de la proviseure à la dernière minute. Quelqu'un comme moi, avec une moyenne générale en béton armé, une ribambelle d'activités optionnelles et pas la moindre tache dans son dossier scolaire, quelqu'un comme moi prend des rendez-vous et s'y rend avec joie, prête à s'entendre chanter ses louanges, et à ce qu'on lui répète quel merveilleux exemple elle est pour ses camarades. Et si ce n'est pas *trop* demander, est-ce que quelqu'un comme moi verrait un inconvénient à ce qu'on prenne sa photo pour le magazine des anciens élèves ?

Ce n'est pas exactement ce qui se passe entre moi et la proviseure de l'école, Dr Piper. Il semble que mes réticences à *lâcher prise* sur certains dossiers, comme elle dirait, ou à passer outre certaines *complications* et autres *petits cafouillages* de l'administration laissent un goût amer au Dr Piper.

Elle m'avait sermonnée un jour, juchée sur son bureau :

– La rédactrice en chef précédente, avait-elle rappelé en se penchant vers moi, son imposante poitrine mettant à rude épreuve le tissu de sa robe fourreau, savait parfaitement respecter la limite entre la vérité et… et…

– Et le *mensonge* ? avais-je demandé.

Piper avait soufflé bruyamment par le nez, faisant voltiger les frisettes après-shampouinées qui encadraient son visage.

C'est la raison pour laquelle je suis surprise en entrant dans son bureau : au lieu de l'œil soupçonneux auquel je suis habituée, elle a accroché un sourire doucereux entre ses joues.

– Je suis en avance ?

Le Dr Piper jette un regard sur sa droite, et je m'avance de quelques pas supplémentaires pour découvrir que nous ne sommes pas seules. Will, le nouveau, est adossé à une bibliothèque, une pile de livres serrée contre son cœur.

– Salut, gargouille-t-il, avant de s'éclaircir la gorge.

– Salut, dis-je en me retournant vers le Dr Piper, désarçonnée. Sérieusement, je suis en avance ?

– Tu es pile à l'heure, réplique Piper. (Mais pourquoi tout le monde dit ça aujourd'hui ?) Je constate que tu as déjà eu le plaisir de rencontrer notre nouvel élève, ajoute-t-elle en agitant ses griffes vernies en direction de Will, comme pour l'inviter à la rejoindre sur scène.

– En quelque sorte.

Elle sourit, toutes canines dehors.

– J'espérais que tu pourrais nous rendre un service, AB. (Je déteste qu'elle m'appelle AB. On n'a pas élevé les cochons ensemble, tout de même !) Notre nouvel ami ici présent a besoin d'une petite visite guidée ; Sadie Kim était censée s'en occuper, mais elle est prise de mystérieuses crampes d'estomac depuis tout à l'heure, et Will ne connaissait qu'une seule autre personne dans ce lycée. Je lui ai dit que ça ne pouvait pas mieux tomber, puisque tu comptes parmi mes élèves préférés !

Je hausse un sourcil, façon *Oh, vraiment* ? ce qu'elle prend soin d'ignorer.

– Alors, c'est entendu ?

Will m'adresse un sourire suppliant.

Je n'ai vraiment pas le temps pour ça, songé-je.

Mais je m'entends répondre :

– Pas de problème. J'allais justement partir déjeuner.

Puis, ne sachant pas quoi ajouter, je sors du bureau. Quand je réalise que Will n'a pas bougé, je me retourne sur le seuil.

– Euh, je t'accompagne ? demande-t-il, l'air prêt à bondir.

– Évidemment.

J'essaie de ne pas être impolie, mais j'ai une tonne d'articles à viser avec l'équipe du journal de l'école, et puis, ah oui, il y a cette folle sur le parking qui m'a dit que j'étais un personnage de fiction, il n'y a même pas dix minutes.

Mais Will se contente de sourire plus franchement.

– C'est vraiment sympa de ta part, me remercie-t-il en s'élançant à ma suite.

Il marche vite pour suivre la cadence, d'un pas élastique et assuré. Les autres lycéens se retournent sur notre passage.

– Les gens te trouvent intéressant, dis-je.

– Attends un peu qu'ils découvrent la *vérité*, répond-il en me gratifiant d'un sourire imbécile.

– Tu es toujours aussi béat, dans la vie ?

– Tu es toujours aussi directe, dans la vie ?

Cette fois, je souris à mon tour.

– Toujours.

– Alors, qu'est-ce que tu as pensé de ce cours ? me répond-il tandis que nous quittons le bâtiment administratif pour traverser le campus. Elle avait l'air plutôt cool, cette écrivaine, non ?

Je pousse un grognement.

– Ne me parle pas d'elle.

– Tu n'es pas très à l'aise à l'écrit ?

– J'*adore* écrire, dis-je en écartant mon sac au passage d'un élève entre nous. Je suis la rédactrice en chef du journal de l'école.

– Ouah, la classe ! s'exclame Will en rangeant son téléphone dans son sac à dos. Quand est-ce que tu as chopé le virus ?

– Diane Sawyer, dis-je pour toute réponse.

– Quoi, la présentatrice télé ? Ma grand-mère l'adore. Tu n'es pas un peu jeune pour être *fan* de *Diane* ? demande-t-il, ponctuant sa rime d'un autre sourire.

– Et alors ?

– Non mais, je veux dire… (Son sourire s'efface et ses yeux s'ouvrent un peu plus grand.) D'accord, pardon. Raconte-moi pourquoi tu aimes Diane Sawyer.

– Ça t'intéresse vraiment ?

Je suis sincèrement surprise.

– Non, je préfère marcher en silence et ne rien apprendre sur la seule personne avec qui j'ai fait connaissance aujourd'hui.

Il me regarde par en dessous, l'air espiègle.

J'éclate de rire malgré moi.

– Bon, d'accord. Il n'y a pas grand-chose à raconter, tu sais. (Nous entrons dans le hall de la cafétéria, dont les portes battantes ne cessent de s'ouvrir.) Pour te la faire courte, on a vu son interview de Malala Yousafzai un jour à l'école ; et autant le courage de Malala m'a coupé le souffle, autant le talent de Diane pour raconter son histoire a été une immense inspiration. Depuis, j'ai visionné toutes les interviews par elle que j'ai pu trouver. Hillary Clinton, Caitlyn Jenner, et même une émission spéciale sur Jackie O. La manière dont elle parvient à capter l'essence d'une histoire, et à la distiller pour en extraire le message, le don qu'elle a pour poser pile les bonnes questions… Ça me fascine. (Nous nous arrêtons devant les portes.) Accessoirement, personne n'a l'air plus féroce qu'elle en chemise blanche.

Will ne dit rien, se contentant de me regarder. Puis il hoche la tête.

– Ben quoi ?

– Oh, rien… Tu m'as surpris, c'est tout.

J'ignore ce qu'il entend par là, mais je n'ai pas le temps de mener l'enquête, aussi je me contente de lui demander :

– Es-tu prêt à te lancer dans l'aventure de la cantine de l'école ?

– Plus que jamais, répond-il.

*

* *

Mes amies se trouvent à la Table bruyante de la cafétéria. C'est là qu'Elliot et Sam ont eu l'idée du nom Look at Me, Look at Me pour leur groupe.

À cause de cet endroit et de l'obsession grandissante pour la mise en scène de nos vies. Facebook, Instagram, Snapchat… et ce qui viendra ensuite.

– Ces filles feraient n'importe quoi pour qu'on les remarque, se plaint toujours Elliot.

– Ce sont mes *amies*, répliqué-je chaque fois, en accompagnant fréquemment ma réponse d'un bon coup de coude dans les côtes.

– Eh bien, tes amies sont *gonflantes*, revient-il à la charge.

Je pars toujours vexée en le laissant rigoler dans son coin.

Bon, je vois bien ce qu'il veut dire. Mes amies ont tendance à se comporter bizarrement quand elles savent que les gens les regardent. Leurs voix deviennent plus perçantes, et j'ignore comment elles se débrouillent, mais elles passent tout le temps du déjeuner à se lever de table pour un oui ou pour un non. Mettons qu'elles *gesticulent* énormément.

Vous savez, ai-je envie de leur dire, *on peut parfaitement comprendre à quel point le serveur d'Escuela Taqueria qui vous a draguées hier est mignon sans que vous ayez besoin de hurler à pleins poumons en faisant tous ces moulinets.*

Mais ça les ferait rire, c'est tout.

– Oh, AB, tu es gênée à cause de nous ? glapiraient-elles, avant de monter en puissance : C'EST NOUS QUI TE METTONS MAL À L'AISE, ANNABELLE BURNS ?

Elles me forceraient à me boucher les oreilles et à m'aplatir sur la table, mais je rirais tout de même. Parfois, quand on préfère ne pas faire de vagues, on s'aperçoit qu'il peut être judicieux de s'entourer de gens qui provoquent des tsunamis.

Pourtant, alors que nous approchons de la table, je n'observe aucune gesticulation. Pas de voix haut perchée, pas de crise de fou rire, pas le moindre petit gloussement. Elles nous fixent, Will et moi, comme une rangée de poules couvant paresseusement leurs œufs. Visages de marbre, yeux grand ouverts, toutes sagement assises à leur place.

– Salut tout le monde, dis-je d'une voix de stentor en appuyant sur chaque syllabe pour souligner leur étrange attitude, comme une manière de leur demander quelle mouche les pique, sans poser effectivement la question.

– Salut, Annabelle, dit Ava alors que nous prenons place.

Sa nonchalance étudiée accompagnée de mon prénom prononcé en entier sont sa manière de me répondre distinctement *On attend que tu nous présentes le beau gosse pour redevenir normales.* Ava et moi pratiquons couramment la télépathie depuis le CE2.

– Les filles, je vous présente Will Hale. Il vient d'arriver.

– En milieu d'année ? remarque Nisha. C'est chaud, dis donc !

Je lui lance un regard courroucé. Nisha ne sait pas se tenir en société. Mais Will se contente de sourire d'un air entendu.

– C'est rien de le dire, soupire-t-il avant de picorer un grain de raisin.

– Alors, Will Hale, qui étais-tu dans ton ancien lycée ? demande Ava, comme si elle lui faisait passer un entretien d'embauche.

– Euh, j'étais déjà moi, hasarde-t-il entre deux autres grains de raisin.

– Non, je veux dire, c'était quoi ton créneau ? Sportif décérébré ? Ringard de la fanfare ? Vu comme t'es fringué, j'imagine qu'on peut tout de suite écarter l'option skater-punk.

Nisha laisse échapper un gloussement.

Will écarte les bras et baisse les yeux sur sa tenue. Il porte une chemise en chambray et un pantalon en toile vert olive, le tout juste ce qu'il faut d'usé.

– Qu'est-ce qu'elles ont, mes fringues ? demande-t-il sans façons.

– Rien ! répond la table avec enthousiasme, et je grimace.

– Ouf, soupire Will, l'œil pétillant. Je tiens à faire bonne impression. (Il penche la tête vers moi avec un sourire malin, et pose sa main sur mon genou juste assez longtemps pour me foudroyer sur place.) Je m'en sors comment, jusque-là ?

– Très bien, couiné-je.

– Cool, conclut-il avec décontraction, ses yeux toujours plongés dans les miens.

Je déglutis.

– Hou-hou ?

De l'autre côté de la table, Nisha me jette une chips au visage, et m'atteint au nez. Je la fusille d'un regard qu'elle choisit d'ignorer.

– Will n'a pas répondu à notre question.

– J'étais un peu de tout, lâche-t-il nonchalamment.

– Beaucoup de gens se réclament d'être « Un peu de tout », mais peu y parviennent réellement, déclare Ava. Prouve-le.

Will soupire.

– Eh bien, j'étais cocapitaine de l'équipe de foot, président du club de débat…

– Ouais, ouais, apprécie Ava d'un air blasé en aspirant son Coca Light à la paille.

– J'avais mon émission de radio, je gérais le club nature…

– Impressionnant, mais pas très surprenant, commente Nisha à l'adresse d'Ava, comme si elles étaient deux biologistes occupées à observer un animal dans son milieu naturel.

– … et j'ai été membre de l'équipe des Mathlètes pendant quatre ans, termine Will.

La tablée devient silencieuse. Mes amies regardent à présent Will comme un mammouth laineux qu'on viendrait d'exhumer de la toundra.

– Sérieusement ? demande Nisha.

– Pas d'instrument de musique ? s'enquiert Ava.

– Ah, tu as trouvé mon point faible ! Le résultat a été catastrophique, et pourtant je n'ai pas lâché facilement l'affaire. J'adore la musique ; mais il vaut mieux que je participe uniquement comme spectateur.

– C'est pas grave, c'est mon cas aussi, dis-je en lui tapotant le genou à mon tour.

Mon propre geste me surprend, mais Will a l'air ravi.

– C'est bon, tu nous as convaincues, annonce Ava. Avec des références pareilles, j'ai bon espoir que tu parviennes à survivre à cet asile de fous.

– Ça n'a pas l'air si terrible, pour le moment, tempère Will.

Mes amies ont les yeux sur le point de sortir de leurs orbites, et je m'aperçois que Will a parlé sans cesser de me sourire.

– Oh, dis-je en sentant le rouge me monter aux joues.

Nisha se penche vers Ava et chuchote distinctement :

– Elle n'est pas très douée, question garçons…

Ava recrache son Coca Light par les trous de nez.

*

* *

Naturellement, comme d'habitude, je sors de ma journée de cours sans savoir qui viendra me chercher. En général c'est papa, mais parfois maman s'y colle, si elle a une réunion de ce côté-ci de la ville ; il arrive que ce soit Sam et, plus rarement, un stagiaire de maman. Mais aujourd'hui c'est Elliot qui est là, à m'attendre.

Il est adossé à l'arrière de la BMW avec son air suffisant, ses longues jambes croisées à hauteur de chevilles et ses bras croisés également, chaque main sur le biceps opposé.

Même si je ne la vois pas d'ici, je suis à peu près sûre que sa paire de baguettes dépasse de sa poche arrière. Il est persuadé d'être tellement cool… Un vrai James Dean, version rouquin.

– Tu as l'air perdue, remarque Elliot alors que je ne suis plus qu'à quelques mètres de lui.

Je m'arrête pour lui faire une grimace.

– Qu'est-ce que ça peut te faire ?

Je voudrais l'entendre me poser la question. L'entendre dire : « Annabelle, est-ce que tu as besoin que je te dépose quelque part ? » Ce n'est tellement pas son genre. Il préfère laisser ses interlocuteurs faire tout le boulot pour pouvoir soigner son air je-m'en-foutiste.

Il se contente donc de me sourire sans répondre, et son petit jeu semble l'amuser énormément. Car il attend que je craque et que je lui demande de me raccompagner. Il sait que je n'ai pas le choix : je plie, ou je rentre à pied. Et c'est exactement ce que je m'apprête à faire, quand la silhouette parfaite de Will se matérialise entre nous.

– Annabelle ! claironne-t-il d'une voix forte, peut-être un peu nerveuse. Hello !... Salut !

J'aime bien cette manière de faire. Deux saluts, comme s'il n'était pas sûr de l'effet produit et qu'il leur donnait une chance à chacun.

– Salut, Will, dis-je en lâchant malgré moi un soupir qui me donne envie d'aller me cacher sous l'une des voitures qui nous entourent. Comment s'est passé le reste de cette première journée ?

Derrière Will, Elliot hausse un sourcil interrogateur.

– Super bien… grâce à mon guide.

La mâchoire d'Elliot commence à présent à se décrocher.

Je pouffe en me sentant rosir.

– Arrête, je n'y suis pour rien... Ben quoi ?

Will me regarde de nouveau avec ce drôle d'air, comme si j'avais une feuille de salade coincée entre les dents.

Il baisse les yeux comme un gamin pris en faute, et racle le sol du bout du pied avant de relever la tête :

– Je me disais… Tu veux que je te dépose chez toi ?

Bouche bée, Elliot fronce les sourcils à mort, l'air tellement ahuri qu'il en louche presque, comme s'il n'avait pas prévu un tel retournement de situation. Comme si Will parlait une autre langue, peut-être.

Will suit mon regard, et je crains soudain qu'il ne prenne Elliot pour mon petit ami. Un énervant petit ami qui aurait mauvais genre, et lui ferait croire que je ne suis pas disponible.

Mais il se contente de dire, aussi amicalement qu'il l'a été avec tout le monde aujourd'hui :

– Oh, salut mec ! Je m'appelle Will.

– Elliot, répond sobrement Elliot, sans même lui tendre la main.

Je décide de couper court et m'exclame :

– Oh oui, ce serait super ! Ça m'arrange carrément que tu me raccompagnes, ajouté-je en lui empoignant le bras pour l'éloigner au pas de charge.

Pas question de laisser Elliot me casser la baraque en racontant une histoire gênante sur moi petite ou en m'attrapant la tête pour frotter son poing dessus.

J'ajoute, suffisamment fort pour être entendue par un certain individu :

– Ma famille m'a laissée tomber et *personne d'autre ne s'est proposé*.

Et nous quittons le parking à bord de la voiture de Will, plantant l'individu en question bouche bée, les sourcils froncés et l'air hébété.

*

* *

La voiture de Will est plus propre que notre maison les jours où ma grand-mère nous rend visite, malgré la présence d'une planche de surf accrochée sur le toit.

Tandis que nous tournons dans Ocean Boulevard, je lui demande :

– La planche de surf, c'est juste pour la galerie ?

– Hein ? s'exclame-t-il en finissant d'entrer mon adresse dans le GPS. Jamais de la vie ! Je viens de Hawaï. Mon grand-père m'a appris à surfer dès que j'ai su nager. J'en fais presque tous les matins… Enfin, c'était le cas avant qu'on emménage ici.

– Je ne voulais pas te vexer…

Je suis fréquemment obligée de m'excuser après avoir posé une question. Mon père dit que c'est à cause de mon ton, qui peut être assez abrupt.

– … C'est juste que mes connaissances amatrices de surf ont tendance à rapporter le sable de toute la plage avec elles.

Sans m'en apercevoir, je passe de nouveau la main sur la couture de mon jean, à la recherche de grains de sable ramassés dans la voiture d'Elliot.

Will hausse les épaules, l'air gêné.

– Hum, je suis un peu maniaque comme mec… Pas très cool, hein ? Regarde…

Il abaisse le pare-soleil, révélant une pochette de rangement transparente qui abrite tous les produits de première nécessité, sagement compartimentés : chewing-gums, aspirine, câble USB, carte de fidélité de la station-service et menue monnaie.

– Ça fait con, hein ?

Mais je suis émerveillée par une telle organisation. Chaque chose est à sa place.

Je souffle :

– Où est-ce que tu l'as achetée ?

– J'aurais préféré que tu ne me poses pas cette question, grogne-t-il.

– Pourquoi ? dis-je en détournant les yeux de la pochette à compartiments.

Je ne peux m'empêcher de sourire chaque fois que je croise son regard.

– Parce que je l'ai fabriquée moi-même, marmonne-t-il tout bas, espérant peut-être que je ne lui demanderai pas de répéter si j'ai mal entendu.

Je m'extasie, n'osant y croire :

– Tu as fabriqué ton propre système de rangement pour ta voiture ?

– Ben, c'est juste que j'aime bien que chaque chose ait une place précise. J'ai fait au moins six magasins de bricolage et d'accessoires automobiles, et personne n'avait ce que je voulais, alors, bon… Je me suis débrouillé tout seul, termine-t-il dans un murmure embarrassé.

Je lève la main et caresse amoureusement les pochettes transparentes. C'est absolument parfait.

– Tu es parfait, dis-je. Euh ! Je veux dire… (Je me redresse pour faire une nouvelle tentative.) Tu es parfait. Hum ! (Je secoue la tête et me frappe le front du plat de la main.) Je veux dire, *c'est* parfait.

Il éclate de rire et rougit lui aussi, tandis que, quelque part au creux de ma cage thoracique, quelque chose papillonne. Un parfum boisé, légèrement sucré, flotte dans l'habitacle.

– Et le désodorisant de ta voiture, où est-il rangé ? dis-je avec curiosité, songeant à m'offrir le même modèle pour le ranger sous mon oreiller.

– Je n'en ai pas. Ça me donne la nausée, ces trucs-là. Tu essaies de me faire passer un message ?

– Mais qu'est-ce qui sent si bon, alors ? dis-je sans

réfléchir, avant de m'apercevoir que c'est sans doute *lui*, tout bêtement.

– C'est ici ? demande Will en évitant poliment ma question.

Je réalise que nous sommes déjà devant chez moi. Où sont passées les dix dernières minutes ?

– Jolie maison, dit-il en se penchant vers moi pour regarder par la fenêtre.

Plus il s'approche, plus le parfum se précise. Le doute n'est plus permis, c'est bien lui qui sent aussi bon. Je déglutis. J'ai soudain terriblement envie de poser une main sur sa joue dorée, mais je me rappelle alors que nous avons fait connaissance il y a cinq heures à peine.

– C'est un sujet douloureux. Mes parents vont la vendre.

– Je suis passé par là, dit Will. C'est pas la joie, hein ?

Il me dévisage avec intensité, tout son corps tourné vers moi. Pas comme s'il voulait prendre ma place, mais plutôt monter sur mes genoux. Ava m'avait parlé de cet article qu'elle avait lu sur le langage du corps, où l'on expliquait que si le garçon était entièrement tourné vers vous, jusqu'à la pointe des chaussures, alors c'est qu'il en pinçait sûrement pour vous. À l'époque, n'ayant jamais eu l'occasion d'observer le phénomène chez les spécimens de mon entourage, je n'avais pas trouvé cet exemple très parlant. Mais maintenant, je vois très bien de quoi il retourne.

– Ils me l'ont annoncé ce matin, dis-je en soupirant. Et ils m'ont dit qu'ils se séparaient, aussi.

Je n'ai pas envie de croiser son regard, alors je me tourne du côté de la fenêtre, ce qui me force à contempler La Maison, mon univers, sur le point de s'écrouler. Je lève donc les yeux vers le ciel, qui est étrangement gris soudain alors que le soleil brillait tout à l'heure… C'est alors que je sens une main sur mon épaule.

– Je suis désolé, dit Will. Je ne sais pas quoi dire, à part que… ça craint vraiment.

Il presse gentiment mon épaule, que je sens fourmiller.

Je réponds simplement :

– Merci.

Un silence particulier, intime, s'installe entre nous.

– Tu veux sortir avec moi ? demande-t-il tout à coup.

J'écarquille les yeux.

– Hum…

– Je sais qu'on vient de se rencontrer, poursuit Will. Je sais que je suis censé te connaître un peu mieux, et puis, peut-être, faire semblant de ne pas être intéressé par toi ou quelque chose comme ça, et ensuite t'inviter dès que j'aurai réussi à te rendre jalouse. Mais je déteste les calculs, et l'ambiguïté, ça me rend nerveux. Je pense que tu me plais *déjà*. Et je crois que, quand tu me connaîtras un peu mieux, tu auras peut-être le même genre de sentiments pour moi.

– Je…

Je rêve ou quoi ?

– C'est un peu à la dernière minute, je sais, reprend-il, imperturbable, façon char d'assaut. Mais il y a un concert demain soir avec ce groupe qui m'obsède pas mal ces temps-ci. Comme tu as dit que tu aimais la musique…

J'ai les joues en feu. Je baisse les yeux sur mes mains, décontenancée. On ne m'avait encore jamais proposé de rencard officiel jusque-là. Pas même un plan équivoque, ou vaguement foireux. Tout ce que j'arrive à dire, c'est :

– Et qu'est-ce que c'est, comme groupe ?

La panique que je contenais jusque-là me ronge les tripes. Et si c'était un truc abominable ? Est-ce que je pourrais sortir avec un mec qui a des goûts de chiotte en musique ?

– Je ne sais pas si tu as déjà entendu parler d'eux… Ils s'appellent Paper Girl. Ils sont géniaux, je t'assure.

Suffoquée, je murmure :

– J'adore Paper Girl.

Will a un mouvement de surprise, et le coin de sa bouche se relève.

– Pour de vrai ?

– Pour de vrai.

Je le dévore du regard, comme hypnotisée. Soudain, un bruit sur le pare-brise me fait sursauter.

– C'est seulement la pluie, rigole Will.

– Qu'est-ce que c'est, la pluie ? On est à Los Angeles !

– Tu as un imper ?

– Mais c'est Los Angeles ! répété-je.

Will rit de plus belle.

– Attends, je vais t'aider.

– Ça va aller, dis-je d'un ton assuré, mais à l'instant où j'ouvre la portière pour sortir, l'averse redouble d'intensité.

Je bats en retraite.

– Comme c'est bizarre ! Ça fait une éternité qu'il n'a pas plu comme ça.

Mais Will ne m'écoute plus. Avant que j'aie pu réagir, il sort de la voiture et s'élance de mon côté en s'abritant sous une veste de survêtement. Ouvrant la portière, il m'attire contre lui, et j'ai à peine le temps de sentir la chaleur de son corps souple contre le mien qu'il m'entraîne vers La Maison.

Une fois sur le perron, à l'abri sous la galerie, Will m'observe d'un air malicieux, et ses yeux pétillent tandis qu'il secoue la tête pour chasser les gouttes de pluie.

– C'était marrant, dit-il tout bas en m'enveloppant dans sa veste de sport. J'ai hâte d'être à demain soir… Encore merci pour aujourd'hui. Reste au sec !

Et sur ces mots, mon chevalier servant repart vers sa voiture. Soudain, il pile et fait volte-face en plissant les yeux à cause de la pluie.

– Hé, Annabelle ! braille-t-il.

– Quoi ? beuglé-je en retour.

– Tu n'as pas vraiment répondu à ma question !

Il dégouline, ce qui ne l'empêche pas de sourire. C'est plus fort que moi, j'éclate de rire.

– Oui, Will Hale. Je veux bien sortir avec toi !

Et je ris plus fort encore en le voyant serrer triomphalement le poing.

En entrant dans la cuisine, je localise tout de suite Napoléon grâce aux grondements qui viennent de sous la table. Ma mère lui donne parfois des croûtons de pain dur, qu'il part ronger là-dessous comme un loup miniature dans sa tanière. On appelle ça des « os à moelle de boulangerie ».

Je maugrée :

– Moi aussi, je suis contente de te voir.

Jae et ma mère sont attablés autour de l'îlot central, et ils boivent du thé tout en étudiant des plans.

– Je rêve ou j'ai vu un mec mignon t'emmener au lycée et un autre mec mignon t'en ramener ? demande-t-elle.

Je me contente de remonter la veste de Will sur mes épaules avec un sourire avant de filer à l'étage.

5

Qu'est-ce qui te brise le cœur, ce soir ?

Mon père m'a appris autrefois à me calmer en allant courir. Il était entré dans ma chambre un samedi après-midi et m'avait trouvée au milieu d'innombrables piles de livres, en pleine réorganisation de ma bibliothèque.

– Tu n'as pas déjà fait ça le mois dernier ? m'avait-il demandé.

– C'était par genre. Là, ce sera par couleur.

– Viens avec moi, avait-il dit après un petit silence. Et enfile une tenue de sport avant de descendre.

Mon père comprend comment je fonctionne parce qu'il est comme ça aussi. Un peu… intense. Mais on ne s'en rend pas compte parce que, tous les matins, il fait quelque chose. Parfois un jogging, parfois du surf. Mais il s'entraîne d'une manière ou d'une autre à faire table rase pour se concentrer sur ce qui compte vraiment. Et il n'a peut-être pas un emploi du temps surchargé, c'est vrai, mais il est toujours de bonne humeur, et toujours disponible pour m'écouter. Enfin, peut-être plus pour longtemps. Qui sait où il atterrira après la séparation ?

Depuis, je vais courir presque tous les soirs, juste avant le crépuscule. Quand je cours, je ne pense pas aux devoirs qui me restent ni aux articles que je dois terminer pour le journal de l'école, parce qu'il est impossible de s'en préoccuper à cet instant, à trois kilomètres de chez moi, sur une plage de Santa Monica au milieu des cyclistes et des chiens de toutes tailles qu'on promène en laisse. Et c'est précisément à ce moment-là que je m'évade pour de bon ; quand je quitte Main Street pour commencer à courir sur les planches de la Promenade, avec l'océan au loin et les silhouettes des palmiers qui se découpent dans le ciel. Quand j'ai la sensation d'être un oiseau échappé de sa réserve. À cet instant, je m'envole.

Pour l'heure, à peine ai-je posé le pied sur le sentier qui part de la maison que je me sens déjà bouillonner d'énergie. Le sentier en question n'y est pour rien, toujours aussi sec et craquelé qu'à l'ordinaire, ce qui me rappelle l'étrangeté de l'averse de tout à l'heure, avec Will. Mais, honnêtement, ça ne me perturbe pas plus que ça. Will, en revanche… son odeur de caramel, sa galanterie… Son bras musclé autour de mes épaules tandis que nous nous ruons vers ma porte. Will, et son sourire éclatant entre les gouttes de pluie.

Ce n'est pas que je n'aie jamais eu de petit ami officiel. En CM2, Nisha avait décidé qu'il nous en fallait un à toutes, comme il nous aurait à toutes fallu le dernier jean à la mode. Nous en avions discuté lors d'une soirée pyjama avant de passer à autre chose et, quelques jours après, elle m'avait téléphoné :

– Bon alors, qu'est-ce que tu penses de Teddy Shipman ?

Moi, bonhomme :

– Ça va…

Elle, au taquet :

– Bon, je l'ai appelé pour lui demander s'il voulait sortir avec toi, et il a dit « pas de souci », donc ça y est, j'imagine !

Moi, sous le choc :

– … J'imagine.

J'avais commencé à ventiler en songeant à la logistique. Qu'est-ce que ça impliquait, au juste ? Quelle fraction de mon temps allais-je devoir allouer à Teddy désormais ? À quelle couleur correspondrait-il dans mon calendrier ?

Nisha avait balayé toutes ces questions d'un geste de la main. Du haut de ses onze ans, elle possédait en la matière une science bien plus étendue que nous. L'idée n'était pas tant de passer du temps avec nos petits amis attitrés que de pouvoir invoquer leur existence. On avait maladroitement échangé des cartes de vœux à la Saint-Valentin, passé quelques moments en bande, et ça avait suffi. J'avais mis un terme à cette histoire au bout de quelques mois, quand Teddy avait dit à quelqu'un qu'il comptait m'embrasser. Je lui avais écrit un mot courtois disant que les choses allaient trop vite pour moi. Je n'étais pas prête pour l'intimité. Mais ça n'avait pas d'importance ; notre réputation de filles les plus cool de la classe était faite.

Ce que je veux dire, c'est que je n'ai jamais eu de petit ami *concret*. Personne pour me garder une place à la bibliothèque, ni pour me tenir la main lors des rassemblements dans l'auditorium, ni pour me laisser un mot doux dans mon casier entre deux cours. Avoir un petit ami demande tellement de temps ! Il faut beaucoup travailler la décontraction. Tout le temps feindre la nonchalance. Et toutes ces intrigues ! Si vous craquez pour quelqu'un, interdiction de le lui avouer directement, ce serait trop simple. Vous devez en outre être capable de savoir qu'on souhaite vous embrasser, même s'il n'en a jamais été question jusque-là. Il y a beaucoup trop de sous-entendus. Je ne comprends rien aux garçons, pas plus qu'eux n'ont l'air de me comprendre. Et puis les mecs de mon âge ne font pas des projets très sophistiqués. Ils envoient un texto du style *Quoi de neuf ?* ou *Tu fais quoi ?* Et il faut accourir. Et mon planning, alors ?

C'est précisément pour cette raison qu'on peut imaginer combien je suis retournée par Will – « L'ambiguïté, ça me rend nerveux » – Hale et son invitation au concert de Paper Girl.

Sur le chemin du retour, je fais un crochet par le café-librairie Rosewood, où trône Ava, les baskets posées sur la caisse. Il n'y a jamais foule ici, mais le mardi soir, c'est complètement mort. Ava a déniché le job idéal. Il y a quelques années, quand Amazon avait été contraint de rembourser ses clients d'une quelconque taxe indue sur les livres Kindle, la plupart d'entre eux avait touché dans les trois dollars. Ava avait été créditée de trois cent quarante-deux dollars. Ça donne un aperçu de la quantité de livres qui constitue son ordinaire. Je lis moi aussi, mais à part le journal je suis plutôt branchée par les autobiographies de personnages historiques et de femmes culottées. Ce qu'Ava aime, ce sont les romans d'amour. Le genre tire-larmes qui vous donne des frissons partout, de son propre aveu. Il me semble qu'il s'agit surtout de filles amoureuses de garçons qui ne les remarquent pas, jusqu'au jour où. C'est toujours la même histoire, à mon avis. Mais je ne le partage plus avec Ava, parce que ça la met hors d'elle.

Ava ne rigole pas avec l'amour, et ça vaut aussi pour la vraie vie. Elle a eu un chapelet d'histoires relativement sérieuses avec des garçons tous très différents les uns des autres, tous très imparfaits, auxquels elle a voué chaque fois un amour éternel, jusqu'au jour où elle a changé d'avis pour passer au suivant. Et aucun d'eux ne lui en a jamais voulu à mort. Elle a toujours rompu à l'amiable. Une partie de moi l'a souvent jalousée pour cette facilité qu'elle semble avoir à se donner à quelqu'un et à recevoir son amour en retour.

– Qu'est-ce qui te brise le cœur ce soir ? lui lancé-je, et il lui faut un moment pour réagir.

Une main enfouie dans ses boucles brunes, elle a la bouche entrouverte. Lorsqu'elle lève vers moi ses yeux hagards, je décide de me rendre compte par moi-même des dégâts.

– *Quelque chose de vrai*, lis-je à voix haute. *Quand ses parents disparaissent tragiquement dans un accident de voiture, Samantha Watson part emménager dans une ferme de l'Iowa avec sa tante. Elle découvre alors que son cœur n'aspire qu'à retrouver les bonheurs simples de la vie.* (Je prends un air faussement intrigué.) Laisse-moi deviner… Un jeune vacher lui tape dans l'œil, c'est ça ? Oh, Ava, dis-je en me jetant à plat ventre sur le comptoir tandis qu'elle lève les yeux au ciel, dis-moi : *parviendront-ils à s'aimer ?*

– Tu n'as pas de cœur, répond-elle froidement. Mais ça ne me surprend pas. Chaque fois qu'on jouait à faire comme si quand on était petites, tu ne voulais incarner que des gens réels. Comme des *présentateurs télé*, dit-elle avec une moue blasée.

Avec mon plus bel accent de journaliste chevronnée, je claironne :

– Bonsoir et ravie de vous retrouver pour cette édition du 20 heures sur WBZN !

Puis je décoche un sourire étincelant à Ava.

Elle prend une mine accablée quelques secondes, puis me considère plus gravement.

– Alors. Tu veux en parler ?

Je sais à quoi elle fait allusion. La séparation. La Maison. Je lui ai envoyé un texto ce matin avant le début des cours.

– Pas pour l'instant, dis-je en promenant mon regard sur le rayon biographies.

Elle hoche la tête en signe d'assentiment. Je sais qu'elle sera là quand j'aurai besoin d'elle.

Je commence à sortir les volumes un à un pour les examiner, puis je m'arrête.

– Je veux bien te parler d'autre chose, en revanche. (Je me retourne vers elle et m'adosse aux étagères avant de croiser les bras sur ma poitrine, l'air pénétré.) J'ai un rendez-vous cet après-midi.

Comme prévu, Ava est à mon côté en une seconde.

– Raconte, dit-elle en appuyant l'épaule sur le rayonnage.

J'adopte une attitude dégagée et saisis un autre livre sur l'étagère. Elle qui est si romantique, ce que j'ai à dire va l'achever ; mais je veux allonger un peu la sauce.

– Raconter quoi ? Comment Will m'a raccompagnée chez moi aujourd'hui, et comment il m'a tout simplement invitée à aller voir mon groupe préféré en concert demain ? (Je regarde le livre que j'ai attrapé et grimace.) *Paris Hilton : l'histoire cachée*. Beurk.

Ava ne prend pas la peine de glapir comme elle l'aurait fait à la cafétéria. Elle me prend le livre des mains, le referme d'un geste sec et le replace sur l'étagère. Ça ne rigole plus.

– Je n'ai pas le temps de te regarder prendre des poses. Raconte-moi tout.

Je soupire.

– Je n'arrive pas à croire que je vais dire une chose pareille, mais je crois que je suis tombée sur l'homme idéal.

– Tu te rends compte que tu n'as jamais dit ça ? m'interroge Ava, éberluée.

– Je sais.

– Genre, même pas pour Jamie Garcia quand il t'a invitée au bal de fin d'année.

– Je sais.

Jamie était le délégué principal de l'école, il avait été accepté à Stanford, et il ressemblait à un joueur de polo sud-américain. Mais ça n'a jamais vraiment collé entre nous. À présent, je ne peux m'empêcher de sourire comme une imbécile en repensant à Will.

– Will a inventé un organiseur de voiture à fixer au pare-soleil pour garder tout le nécessaire à portée de main.

Je n'ai pas besoin d'en dire davantage ; Ava n'est pas ma meilleure amie pour rien.

– Carrément ! On dirait qu'il est fait pour toi... Le prince charmant du royaume des TOC.

– Et il sent tellement bon ! Et sa voiture… Elle est tellement propre !

– Oh, par pitié, tais-toi, sinon je vais avoir envie de te le voler, répond-elle d'un ton morne en faisant mine de s'éventer, paupières mi-closes.

– La ferme, dis-je en riant. Quand il m'a déposée à la maison, il s'est mis à pleuvoir des cordes et, tu sais, Ava... dis-je en me tournant vers elle, il est sorti de la voiture pour venir m'ouvrir la portière et m'accompagner jusqu'au perron en m'abritant sous sa veste.

Ava retourne derrière la caisse en s'interrogeant à voix haute :

– Quand est-ce qu'il a plu ?

– C'était vraiment bizarre. Tout était bizarre, en fait. Ce mec parfait sorti de nulle part qui meurt d'envie de sortir avec moi… Surtout après ce qu'a dit Lucy.

– Qui ça ? demande-t-elle en s'asseyant sur le comptoir.

Je lui raconte la venue de l'écrivaine dans ma classe, et elle me dévisage soudain comme si je venais d'écraser son chat.

– Lucy Keating était au lycée aujourd'hui et tu ne me l'as pas dit ?

– Je suis désolée ! C'est une vieille amie d'Epstein, apparemment… Mais pour être honnête, je pense que tu devrais reconsidérer ton appartenance au fan club. Elle m'a complètement fait flipper.

– Comment ça ?

– Je ne vois même pas comment t'expliquer ça sans avoir l'air timbrée…

– Je suis déjà convaincue que tu l'es, réplique Ava du tac au tac.

– D'accord. Elle prétend qu'elle écrit ma vie, dis-je avec défiance.

Ava grimace.

– Hein ?

– Maintenant tu sais l'effet que ça m'a fait ! m'exclamé-je en plaquant les mains sur le comptoir. Je ne sais pas comment l'expliquer mieux que ça... Tout ce que je peux dire, c'est que Maya lui a demandé sur quoi elle travaillait, et elle a décrit ma vie. Un personnage qui a grandi à Venice, des parents qui se séparent et qui vendent la maison de son enfance ; même le petit roquet douteux y était.

– Ça pourrait être beaucoup de gens... Ça ne veut pas dire qu'elle écrit sur toi.

– Sauf que, quand je lui ai posé la question, elle m'a dit que c'était ce qu'elle *faisait* !

Ava écarquille les yeux.

– Comment ça, c'est ce qu'elle fait ? Genre, elle t'espionne ?

– Non, ce serait presque préférable, à la limite... Elle a dit que j'étais un personnage de son roman. Elle a dit qu'on était tous des personnages. C'est flippant, non ?

Je retourne m'adosser aux étagères. Cette conversation me met sur les dents.

– Bon, très bien, elle est dingue, conclut Ava. Génial. Ce n'était que mon idole de jeunesse, après tout. Une folle, bonne à enfermer. Pas de quoi en faire un fromage.

J'ai repéré une tache sur les montants de l'étagère, que je frotte distraitement avec la manche de mon tee-shirt.

– Attends... Tu ne l'as pas vraiment crue, si ? m'interroge Ava.

Elle éclate de rire et je lève les yeux au ciel.

– Mais non ! C'est juste que j'ai passé une drôle de journée. Au réveil, j'apprends que mes parents vont divorcer, après quoi ce mec idéal surgit d'on ne sait où...

– C'est sûr, dit Ava en prenant sa veste, son sac et le gros trousseau de clés de la boutique. Mais tu sais, même si on était cinglées toutes les deux et qu'on croyait à ce que Lucy t'a dit, tu ne pourrais quand même pas être un de ses personnages : tu n'es pas dans un triangle amoureux.

– Je ne vois pas le rapport.

– Le triangle amoureux, c'est la marque de fabrique de Lucy Keating ! Elle en case toujours un dans ses romans, affirme Ava avec autorité. Allez, rentrons vite avant qu'un autre mec parfait se pointe pour te demander en mariage, ajoute-t-elle en me tenant la porte de la boutique.

6

Pas moyen

Lorsque Ava me dépose devant chez moi ce soir-là, j'entends, venant de la cuisine, le bruit reconnaissable entre mille de mecs en train de faire les idiots. J'entre et vois Sam qui secoue la tête en jouant d'une guitare imaginaire à côté d'une casserole d'eau en ébullition et d'un Elliot qui improvise un rythme sur la batterie de cuisine avec des cuillères en bois. Il stoppe net en m'apercevant et pose lentement les cuillères en bois sans me quitter des yeux, l'air indéchiffrable.

– Ton eau bout, dis-je en me dirigeant vers le réfrigérateur pour me servir un verre d'eau.

Du coin de l'œil, je le vois tendre la main pour baisser le feu sous la casserole.

– Ta sœur est montée dans la voiture d'un inconnu cet après-midi, lâche-t-il alors sans me quitter des yeux.

– Ah ouais ? Qui ?

Sam a cessé son concert imaginaire et ouvre un paquet de pâtes pour les verser dans la casserole.

– Ouais… Qui ? répète Elliot.

Il se hisse sur le plan de travail d'un mouvement souple, puis continue à tambouriner sur ses genoux.

Je bois une gorgée d'eau fraîche avant de répondre.

– Ça ne vous regarde pas, mais il s'appelle Will Hale et il vient d'emménager ici. Il habitait à Hawaï, avant.

Sam feint de s'intéresser :

– Vraiment, Hawaï ? dit-il, avant d'ajouter : Ça a l'air *naze*.

Elliot et lui éclatent de rire et se tapent dans la main.

– Figurez-vous qu'il n'est pas naze du tout. Il est super. Et il fait du surf, lui aussi. Sans coller du sable partout dans sa voiture.

Je regrette d'avoir précisé ce détail à la seconde où je finis ma phrase. D'abord parce que c'est débile, ensuite parce que c'était juste pour agacer Elliot. Ça ne me ressemble pas, mais j'en ai marre de ses conneries. Je sens mes joues s'empourprer et bois une autre gorgée d'eau. Elliot est concentré sur la casserole, mais je vois l'esquisse d'un sourire sur son visage.

– OK… dit Sam, l'air de penser *On s'en fout*. On pourrait peut-être l'emmener faire un tour un de ces jours, lui montrer un peu Venice. Je vais pisser, annonce-t-il en s'éloignant dans le couloir.

Je ne sais pas ce qui m'arrive, mais je me sens tout à coup dans mes petits souliers, seule dans cette cuisine avec Elliot. Elliot, qui m'a vue vomir tripes et boyaux à Disneyland quand nous avions dix ans. Elliot, qui a deviné ce qui m'arrivait quand j'ai eu mes premières règles. J'observe son dos, ses épaules souples et musclées, la frontière entre le col de son tee-shirt et la peau lisse de sa nuque.

– Hé, dit alors Elliot en se tournant prestement, et je me sens prise la main dans le sac, forcée de me justifier.

– Quoi ? aboyé-je, sur la défensive, et Elliot prend un air étonné.

– Rien. On se détend ! J'allais juste dire que Paper Girl joue au Wiltern demain soir. Je n'y vais pas – on a calé une répétition – mais j'ai pensé que ça t'intéresserait.

– Merci pour cette chaleureuse invitation, dis-je en levant les yeux au ciel. Mais j'y vais déjà, de toute façon.

Elliot cligne des yeux avant de retourner à ses fourneaux.

– Je t'en prie, grince-t-il.

Je prends mon temps pour aller jusqu'à l'évier, y déposer mon verre et me diriger vers l'escalier. Je réalise que j'attends qu'Elliot me demande avec qui je vais au concert, mais il ne bronche pas et, pour une raison quelconque, ça ne fait que m'énerver davantage.

*

* *

Je suis en cours de création littéraire, assise à ma place, et j'examine les deux problèmes majeurs qui viennent se mettre en travers de ma performance scolaire. Des problèmes dont, pour une fois, j'ignore comment me dépêtrer.

Premièrement, malgré toutes mes tentatives, je suis toujours aussi nulle en fiction, et sur le point de rendre un autre devoir lamentable. Epstein nous a demandé de partir d'un assortiment d'objets trouvés chez nous et de les utiliser pour raconter une histoire. On pouvait choisir ce qu'on voulait. J'ai opté pour le contenu du bac à légumes de notre réfrigérateur, une idée qui me paraissait originale. Mais tandis que je fixais la tomate esseulée, le sac de chou kale et les six clémentines posées devant moi sur le plan de travail, tout ce qui me venait en tête, c'était une histoire de supermarché où absolument rien d'intéressant ne se produisait.

Le second souci c'est que, juste à ma droite, occupé à me reluquer sans vergogne du coin de l'œil, se trouve Will. Ça n'a pas l'air d'être un problème, c'est vrai, mais ça le devient quand la note de participation constitue mon seul espoir d'obtenir une moyenne pas trop minable pour ce cours. On ne peut pas participer si on n'est pas attentif, et on ne peut pas être attentif quand quelqu'un d'aussi mignon que Will vous lorgne en permanence.

– Vous avez été publiée, vous aussi, non, madame Epstein ? demande Maya. Vous ne voulez pas nous raconter *votre* processus d'écriture ?

Je reporte mon attention vers l'avant de la classe où, inspirés par le discours que Lucy Keating leur a tenu la veille, les élèves gribouillent avec ferveur d'autres questions sur l'expérience d'écrivain.

Epstein rougit et porte la main à sa joue. Je ne l'ai jamais vue sans la tonne de bracelets qu'elle porte à chaque poignet.

– En effet, j'écris ma propre série, mais il ne s'agit pas de livres appropriés pour des jeunes de votre âge, hésite-t-elle.

– Pourquoi pas ? demande quelqu'un, mais je suis trop occupée à chercher le regard de Will pour voir qui.

– Ce ne serait pas une bonne idée, répond Epstein. Disons seulement que je suis publiée sous pseudonyme.

En revanche, je peux vous parler un peu de ma manière de travailler, si ça vous intéresse.

Ce qu'Epstein ne réalise pas, c'est que nous sommes déjà tous au courant. Nous l'avons toujours été. Toute l'école le sait. Elle écrit des romans érotico-historiques sous un nom d'emprunt que personne n'a jamais pu trouver. L'année dernière, un groupe de seconde a passé tout un trimestre à essayer de la démasquer ; mais à notre grande surprise, Epstein dissimule bien ses traces.

Will me passe un stylo, ce qui me trouble un instant vu que je ne lui ai rien demandé ; puis je remarque qu'un petit morceau de papier est enroulé autour.

Ceci est un message d'utilité publique. Si vous pouviez vous retenir d'être aussi jolie dans les cours que vous suivez en commun avec Will Hale, vos efforts seraient grandement appréciés. M. Hale voudrait avoir son diplôme à la fin de l'année. Signé : le Service du Bien-Être de Will Hale.

Je pose le petit mot. Des picotements naissent dans ma poitrine et partent fourmiller vers mes épaules et dans ma nuque. C'est merveilleux et horrible en même temps.

Sans hésiter, je retourne le papier pour rédiger une réponse, en me mordant les joues pour ne pas sourire.

Annabelle Burns fera de son mieux pour observer ces recommandations à condition que Will Hale cesse de la dévisager avec ses fossettes irrésistibles. Affaire conclue ? Signé : le Service de Santé mentale d'Annabelle Burns.

J'enroule la note autour du stylo messager, et en usant de toute ma volonté je le lui tends sans croiser son regard.

Moins d'une minute plus tard, le stylo est de retour sur mon bureau, et en découvrant le message, je dois me contenir pour ne pas exécuter aussitôt une danse de la joie.

Pas moyen.

– Alors, voyons voir, dit Epstein.

J'ai complètement perdu le fil de la conversation. La classe pourrait avoir été téléportée dans un aquarium que je ne m'en serais pas aperçue.

– Dès lors qu'une bonne idée surgit, je commence par écrire un résumé de l'intrigue, puis j'étoffe un peu mes personnages, et j'ébauche la structure du texte. Je travaille à partir de cette base jusqu'à obtenir un manuscrit, et après quelques relectures je l'envoie à mon éditeur.

– Et ensuite ? demande Maya.

Elle doit vraiment avoir envie d'être écrivaine. Je trouve ça chouette qu'elle s'investisse autant.

– Eh bien, ensuite, mon Éditrice – avec un É majuscule – retravaille le texte avec moi. Elle m'aide à donner sa forme finale au livre. Puis le texte passe dans les mains d'un correcteur, qui relit tout pour débusquer ce qui cloche.

À cet instant, la main de Margot Dunreavey jaillit au premier rang. À mon avis, Margot et Napoléon se trouvent dans le même cercle de l'enfer. Margot et moi avons quelques points communs : nous sommes toutes deux déterminées, toutes deux bonnes élèves, toutes deux incomprises par moments. Voici quelques-uns des points communs de Margot et de Napoléon : ils ont tous deux un instinct territorial très développé, ils sont impitoyables, et ils poussent le même genre de grognements quand ils sont frustrés.

Ce que j'aime le moins chez Margot, c'est qu'elle pose toujours des questions dont tout le monde connaît déjà la réponse. Et elle-même se fiche de ce qu'on lui répondra ; elle veut juste avoir le mérite d'avoir posé la question. Moi aussi, je lève beaucoup la main, mais au moins mes interventions sont utiles. La plupart du temps.

– Vous dites que le travail du correcteur est de trouver tout ce qui cloche. Qu'est-ce que vous entendez par là ?

– C'est une bonne question, Margot, répond Epstein en masquant à peine sa surprise. L'Éditrice se concentre principalement sur le texte dans sa globalité, pour rendre l'histoire la meilleure possible. Le correcteur traque les derniers problèmes de cohérence, les erreurs d'orthographe et les coquilles. Il verra qu'il est 16 heures au chapitre 12, et que tout à coup dans le chapitre 13, il est 21 heures et que nous sommes deux jours plus tard. Je cite fréquemment cet exemple : mon correcteur vérifie que mes personnages n'ont pas les yeux bleus dans une scène, puis marron dans une autre.

Margot hoche la tête et griffonne avec ardeur la réponse dans son cahier. Ma propre main s'agite en l'air.

– Mais pourquoi ? demandé-je, perturbée.

– Pourquoi quoi ? répond Epstein.

– Pourquoi leurs yeux seraient-ils bleus dans un

chapitre et marron dans un autre ? Vous êtes l'auteure ; c'est vous qui écrivez l'histoire. Comment se fait-il que vous ne sachiez plus la couleur de leurs yeux ?

– Parfois, on oublie, soupire Epstein d'un air las. C'est gros, un livre. On peut se laisser happer par l'intrigue, et ce genre de détail vous échappe. Tu n'oublies jamais rien, Annabelle ?

– Pas vraiment, non, réponds-je honnêtement, ce qui fait rire toute la classe.

– Eh bien, tu as de la chance, réplique Epstein en souriant. Tu m'as tout l'air d'avoir le potentiel pour être correctrice. Si l'un d'entre vous a besoin d'une relecture, Annabelle est la personne qu'il vous faut !

C'est à ce moment que le stylo réapparaît sur mon bureau. Je déroule le papier.

Je viens te chercher à vingt heures ?

Je coule un regard vers Will. Il regarde droit devant lui et fait semblant d'écouter la prof, accoudé à son bureau, le menton posé sur ses doigts croisés, mais le sourire sur ses lèvres est clairement pour moi. *Le concert.* Je me sens tout à coup nauséeuse, mais d'une façon bizarrement agréable.

Je rends à Will son stylo tandis que nous quittons la salle de cours.

J'ai hâte.

7

On a eu un petit accident

– Comment tu vas, ma grande ? demande mon père en arrivant dans la cuisine ce soir-là.

Je suis en train de me bagarrer avec un problème de maths en attendant l'arrivée de Will. J'ai eu du mal à choisir quelle couleur attribuer à ce concert dans mon calendrier. S'agissait-il vraiment d'une sortie « Amis / Loisirs » ? Finalement, j'ai choisi de créer une nouvelle catégorie, rouge violine. Je l'ai intitulée *Love*. Et j'ai aussitôt eu envie de me gifler.

Je lève les yeux et constate que la version canine de Lucifer a suivi mon père et me fixe d'un air dédaigneux. Je le mets silencieusement au défi de grogner ou d'aboyer, mais je sais qu'il n'en fera rien. Jamais en présence de mon père. C'est ainsi que Napoléon conserve son vernis d'innocence.

Je soupire et regarde mon père dans les yeux :

– Je ne sais pas comment je vais, dis-je avec franchise.

J'ai décidé de mettre en veille cette partie de mon cerveau pour le moment. Quand rien d'autre ne fonctionne, c'est ce que je fais face à l'inconnu. Je l'ignore jusqu'à ce que je sois en mesure d'y faire quelque chose.

– Écoute, *toi*, dit mon père en posant une main sur mon épaule. (Napoléon tressaille, mais ne moufte pas.) Tu es une planificatrice. Tu aimes savoir ce qui t'attend. Et je suis désolé qu'on te mette dans une position où tu n'as pas cette sécurité. Mais il faut que tu nous fasses confiance, à maman et moi, pour prendre les bonnes décisions, et il faut que tu te concentres sur toi. Termine tranquillement l'année scolaire, décide ce que tu vas faire cet été. Prépare ta rentrée à Columbia. Et laisse-nous nous occuper du reste. D'accord ?

– D'accord.

– On vous aime très fort, ton frère et toi. Peu importe comment les choses évoluent, ça, c'est quelque chose qui ne changera jamais. Je ne vais pas disparaître. Et ta mère non plus.

Là, je ne peux pas répondre. Si j'essaie, je risque de me mettre à pleurer, et je n'ai pas envie de ruisseler de larmes quand Will arrivera. Alors, je me contente de hocher la tête.

– Tu veux venir faire un tour avec Napoléon et moi ? demande-t-il.

Je renifle.

– Non merci.

– C'est bien ce qui me semblait, soupire mon père. (Il baisse les yeux sur un Napoléon patient qui lui rend son regard.) Venez, mon général, dit-il en se dirigeant vers l'entrée, et le chien lui emboîte joyeusement le pas.

Quelques minutes plus tard, on frappe quelques coups légers à la porte de la cuisine ; Will apparaît, tout sourire, les mains dans les poches. Il porte un tee-shirt gris et un jean usé ; ses joues ont rosi. Tout son être irradie une douce chaleur.

– Salut, dit-il.

– Salut, dis-je en lui rendant son sourire. Tu n'étais pas obligé de sortir de la voiture pour venir me chercher, tu sais. Tu pouvais simplement m'envoyer un texto une fois devant la maison.

Will prend un air perplexe, presque choqué :

– Pour un *rencard* ? Impossible.

J'attrape mon sac et ramasse la veste sous laquelle il m'avait abritée la veille. *Tu as un rencard.* Je lui tends le vêtement :

– Tiens, avant que j'oublie de te la rendre.

Will pose les yeux sur la veste et hausse les épaules d'un air insouciant :

– Oh, tu peux la garder. J'ai un pull en rab pour toi dans la voiture, au cas où.

Il nous faut trente-cinq minutes pour arriver au Wiltern Theater, dont les abords fourmillent de monde. C'est un lieu emblématique de Los Angeles, avec son gigantesque foyer circulaire à deux étages.

Je confie à Will :

– J'adore cette salle. Elle a beau être immense, on a presque toujours l'impression d'être tout près de la scène.

– J'ai hâte d'y être, dit-il, et tandis que nous progressons à travers la foule, il pose sa main au creux de mes reins.

Je frissonne.

Nous jouons des coudes pour nous faire une place en bas, à l'avant de la salle. Paper Girl vient d'entrer sur scène, acclamé par un public déchaîné. Le groupe attaque immédiatement avec son titre phare, *Tell Me*

You Love Me, et les gens commencent à se déhancher en rythme. L'énergie est électrique. On sent de l'amour émaner de toute la salle.

Je me sens toujours en décalage pendant un concert, un peu gênée, du moins au début. Où dois-je ranger mes mains ? Peut-on parler un peu, beaucoup, pas du tout ? J'aimerais que quelqu'un me dise quoi faire. Mais je persévère, parce que j'adore la musique, et que je veux être à la hauteur de la situation. Je veux être capable de faire les choses comme il faut. Un peu à gauche devant moi, il y a une fille qui a l'air de s'y connaître. Je décide de l'épier pour imiter ses gestes. Puis je jette un œil à Will, qui hoche la tête en rythme, sourire aux lèvres. Je m'aperçois que lui non plus ne sait pas trop comment se comporter, et je me sens aussitôt beaucoup plus à l'aise.

C'est alors que j'aperçois Elliot, un peu plus loin devant nous, qui saute d'un pied sur l'autre en secouant vigoureusement la tête. Il fait partie de ces gens qui semblent être nés pour danser, avec une grâce et une énergie qui rayonnent de leur cœur jusqu'au bout de leurs doigts. Je me fige, soudain électrisée. N'avait-il pas dit avoir une répétition ce soir ? C'est à cet instant qu'il se retourne et croise mon regard. Il repère ensuite Will, puis nous adresse un signe de tête pour nous saluer. Nous répondons tous deux en agitant la main, et il semble hésiter à nous rejoindre, avant de se décider.

– Je croyais que tu ne pouvais pas venir, dis-je tout de go.

Elliot a un léger mouvement de recul.

– Eh bien, finalement je suis là.

Je lève les yeux au ciel en guise de réponse.

– Elliot, c'est ça ? braille Will par-dessus la musique. Ravi de te voir, mec.

Je lance un regard aigu à Will, qui ne remarque rien.

En revanche, Elliot l'a intercepté, et je lui adresse un sourire faux pour me dédouaner. Les deux garçons se frappent dans la main pour se saluer et engagent la conversation, assez fort pour s'entendre malgré la musique. Ils sont tous deux du même avis : ce groupe est fantastique parce qu'il est uniquement composé de membres éminents d'autres groupes géniaux. Je ronge mon frein. Je ne veux pas jouer les rabat-joie, mais la situation est tout de même déroutante.

Deux chansons plus tard, Will part chercher des bières, et Paper Girl ralentit le rythme en enchaînant sur une chanson que j'adore, et que j'espérais entendre ce soir : *She's the One*. Un cri de joie suraigu s'échappe de ma bouche avant que j'aie pu me retenir, et plusieurs personnes autour de moi se retournent. Mais elles n'ont pas l'air de désapprouver, au contraire ; nous sommes tous fans ici. Je couvre ma bouche d'une main embarrassée, les yeux agrandis par la surprise, et Elliot s'esclaffe, le visage rayonnant. Je ris à mon tour avant de me tourner de nouveau vers la scène pour me laisser bercer par la musique.

Je ferme les yeux et me balance doucement, quand soudain, je sens Elliot derrière moi. Mais vraiment, *juste* derrière : je suis presque adossée à son torse, et je sens sa chaleur sur ma peau. La musique est liquide et ondule autour de nous. Elliot ne sent pas le cèdre et la lessive comme Will. Il sent le déodorant sur tee-shirt sale. Il sent le garçon. Il sent Elliot.

Une pensée des plus étranges me traverse soudain. Il sent… *bon*.

Et puis, la seconde d'après, il est étendu par terre, la main sur le crâne. À côté de lui gît une baguette de batterie, et au micro, le chanteur s'excuse :

– Pardon, cousin !

Aussitôt, les musiciens se remettent à jouer. Et aussi soudainement qu'elle s'était ouverte, la parenthèse se referme. Je jette le bras d'Elliot autour de mes épaules pour le traîner hors de la salle.

– J'arrive pas à croire que je me suis pris une baguette dans la tronche, répète Elliot d'une voix rauque et fatiguée.

Pendant ce temps, je fais aller et venir mon doigt devant son nez. J'ai de l'entraînement : j'ai suivi une formation aux premiers secours l'année dernière.

– On n'a jamais vu ça, non ? proteste-t-il encore. Barry Gross est l'un des meilleurs batteurs de sa génération. Je vénère ce mec ! C'est mon idole. Mon idole vient de m'assommer avec une putain de baguette !

– La ferme. Dis-moi tes nom et prénoms.

Elliot fronce les sourcils, mais s'exécute.

– Elliot James Apfel.

– Quel âge as-tu ?

– J'ai dix-huit ans.

– Où habites-tu ?

– Oakwood Avenue.

– C'est là que moi je vis, dis-je en levant les yeux au ciel.

– C'est pareil, grommelle-t-il.

– Où habites-tu, Elliot ?

– Sur la Quatrième Avenue, soupire-t-il.

– Comment s'appelle ton groupe ?

– J'en ai pas. (Il sourit.) Tu te rappelles ?

– T'es vraiment une plaie, dis-je en inclinant la tête.

– Je sais.

Il sourit et, l'espace d'un instant, ça me revient. Cet étrange moment, quelques minutes plus tôt, où tout semblait bouger au ralenti. Où j'étais tout près d'Elliot, si près que je respirais son odeur – que je m'en enivrais.

– Qu'est-ce qui s'est passé ?

Nous nous retournons vers Will, qui s'est frayé un chemin à l'extérieur de la salle.

– J'ai eu ton texto. Tu as vraiment reçu une baguette sur le crâne ? Quelqu'un en parlait au bar.

Elliot se contente de grogner.

J'explique :

– On a eu un petit accident…

– Annabelle, m'interrompt Elliot. Je veux rentrer à la maison. J'ai besoin d'Advil.

Recroquevillé contre le mur, il semble défait.

– Bien sûr, dis-je, pensive. Le seul problème, c'est que tu n'es pas en état de prendre le volant, et moi je ne sais pas conduire avec une boîte de vitesses manuelle.

– Laisse tomber la voiture. Sam me reconduira ici demain pour la récupérer. Ça fera une bonne pub pour le garage.

– Elle risque de partir à la fourrière d'ici demain.

– Tu t'inquiètes trop, me dit Elliot.

– Et toi, tu ne t'inquiètes pas assez.

Ma réponse a sonné un peu plus aguicheuse que je n'aurais voulu. Ou bien était-ce l'effet recherché ? Soudain, j'ai des papillons dans le ventre et, avant que j'aie pu comprendre d'où ils venaient et où ils allaient, Will propose à Elliot de le ramener chez lui. Et tandis qu'il l'aide à se relever, j'ai soudain le sentiment d'avoir eu un double rencard ce soir.

*
* *

– Qu'est-ce que j'ai l'air crétin comme ça, dit Elliot.

Il est allongé sur le canapé, jambes en l'air, un sac de petits pois surgelés posé au sommet de son crâne.

Depuis la cuisine, je réplique :

– Ça tombe bien qu'on n'en ait rien à battre, alors.

J'ignore ce qui m'a pris tout à l'heure au Wiltern, mais je fais de mon mieux pour oublier ça le plus vite possible.

– Je t'ai fait du café, dis-je en revenant au salon. Il vaut mieux que tu laisses passer quelques heures avant de dormir.

– Tu as choisi la bonne mouture ? demande Elliot avec mauvaise humeur.

– Je sais comment tu l'aimes, dis-je.

Je sens Will qui m'observe depuis son fauteuil à côté de la télévision.

– Je ferais mieux d'y aller, finit-il par dire. Annabelle, je te dépose chez toi ?

Je renverse un peu de café en posant la tasse, hésitante. Je connais la bonne réponse. C'est oui. Oui, je veux bien que tu me déposes chez moi, parce qu'il est 22 h 15 et qu'il y a école demain, mais aussi parce que tu es un canon absolu qui sent la prairie un soir d'été et qui a emporté un pull supplémentaire pour moi, juste au cas où. Et puis, tu n'as pas demandé : « Est-ce que tu as besoin qu'on te dépose chez toi ? » Tu as dit : « Je te dépose chez toi ? », parce que tu ne fais pas de calculs et que tu sais ce que tu veux.

C'est absurde, mais une partie de moi a envie de refuser. Une partie de moi souhaite rester ici sur le canapé, avec Elliot, sans rien faire, simplement pour s'assurer qu'il ne s'endort pas.

Mais ce serait aberrant. Je ne peux pas faire ça, pour un million de bonnes raisons. Parce que Will en tirerait les conclusions qui s'imposent, et parce que c'est Elliot Apfel.

Ce dernier répond alors à ma place :

– Tu devrais y aller, AB.

Sa voix est tranquille, et ses yeux bruns étonnamment calmes sous le sac de petits pois.

– Mais… ta tête ? Et si tu t'endors et que tu meurs ?

– Mon père fait de la compta au garage. Il gardera un œil sur moi. En plus, il y a un nouvel épisode de *Game of Thrones*. Ça va aller.

Je me mordille la lèvre. Will vérifie quelque chose sur son téléphone.

– Vraiment, insiste Elliot. Vas-y.

Pour une raison inconnue, ça me fait mal. Et je suis surprise par cette douleur, minuscule, qui palpite juste sous mes côtes. Je déglutis, incapable de croiser son regard. Ça le tuerait, d'être un tant soit peu reconnaissant ? De prononcer peut-être un simple « merci d'avoir été là » et, je ne sais pas, des excuses pour avoir gâché ma soirée ?

Ou bien… Peut-être que je voudrais seulement l'entendre me demander de rester.

Je parviens à répondre :

– D'accord. Repose-toi bien.

Je prends mon sac et quitte la pièce. J'avance comme un automate jusqu'à ce que je sois assise dans la voiture de Will. L'odeur magique du cèdre m'apaise un peu ; et quand Will s'installe à mon côté en enfilant un pull et que sa tête adorable émerge soudain du col, ce qui restait de douleur disparaît.

– Bon, j'ai deux options, dit-il simplement. Numéro un : je te ramène chez toi, ce qui est, avouons-le, une bien triste fin pour un jeudi soir.

– Huuum-huuum ? dis-je, sans trop me mouiller.

– Numéro deux : tu m'indiques où je pourrais trouver un glacier digne de ce nom. Parce que ça fait des jours que je cherche, et tout a l'air vegan ici. Je ne sais même pas comment on peut faire de la crème glacée sans crème.

À ces mots, je plaque ma main sur ma bouche pour réfréner mon hilarité.

– Quoi ? demande Will. Pourquoi tu rigoles ?

– Tu t'es adressé à la bonne personne, dis-je gravement. Chez moi, un litre de bonne crème glacée ne passe pas la nuit en général. J'aime ça plus que le café. Plus que le journal. Peut-être même plus que la course à pied.

– Dieu merci, s'exclame Will d'un ton théâtral. Sauve-moi, Annabelle !

– On va prendre Rose Street ; descends la Quatrième...

Et éloigne-nous vite d'Elliot.

Ainsi notre rendez-vous reprend-il son cours, comme si de rien n'était.

*

* *

Apparemment, Sea Salt Creamery possède une terrasse couverte désormais, illuminée par une guirlande d'ampoules extra-scintillantes. Ce n'était pas le cas la semaine dernière quand je suis venue avec mon père ; ce soir, avec Will, l'effet est étonnamment romantique.

Je m'informe auprès de la serveuse qui pose nos coupes devant nous :

– Quand est-ce que vous l'avez installée ?

– J'en sais rien, dit-elle avec un haussement d'épaules en me regardant à peine.

D'une main, elle se recoiffe en se tournant vers Will :

– Je sais que vous aviez demandé seulement deux boules, mais je vous en ai ajouté une troisième, dit-elle en inclinant la tête avec un petit sourire. Cadeau.

Je me retiens de lever les yeux au ciel.

Will a presque tout de l'homme idéal, mais il a eu le malheur de commander un banana split. J'ai depuis toujours une aversion pour les fruits visqueux.

– Tout le monde t'aime bien, dis-je alors que la serveuse s'éloigne.

La serveuse, les clients qui faisaient la queue en même temps que nous, et même le bébé de ce jeune couple qui n'arrêtait pas de pleurer dans sa poussette, et qui s'est mis à gazouiller avec force risettes dès que Will s'est penché sur lui.

– Où que tu ailles, les gens tombent en pâmoison, direct.

– C'est faux, proteste Will. Et puis, tout le monde t'aime bien, toi aussi.

– Pas du tout. Enfin, ce n'est pas qu'on me déteste, hein ; je suis quand même sympa. Mais les gens me comprennent souvent de travers. Ou alors c'est moi qui suis à côté de la plaque, parfois.

Je me mords la lèvre en repensant à la semaine dernière, quand Lee faisait admirer la nouvelle veste en cuir de marque qu'elle avait reçue pour son anniversaire ; je lui avais dit avoir vu exactement la même sur la Promenade, pour quarante dollars seulement. Ava avait dû m'expliquer que l'idée était de s'extasier sur la veste de Lee. Pas de lui signifier qu'elle aurait pu faire une meilleure affaire.

– J'aime ta franchise, dit Will. Je suis aimable parce que mes parents m'ont appris qu'il fallait se conduire de cette manière. Mais du coup, c'est compliqué de savoir ce qu'on pense vraiment.

– Eh bien, peut-être que je peux t'apprendre à être un peu plus connard, dis-je gentiment.

– Et moi, je t'apprendrai à être bonne poire…

Will me fait un grand sourire. Nous restons les yeux dans les yeux quelques instants, et je savoure le fait d'avoir un vrai rendez-vous amoureux avec un vrai garçon, sans avoir encore eu l'occasion de tout faire foirer.

– Bon, j'aimerais qu'on parle un peu plus d'Annabelle Burns, la journaliste, reprend Will.

Stupéfaite, je lève les yeux de ma glace.

– Vraiment ?

Mis à part mes parents, personne n'a jamais manifesté autant d'intérêt pour moi.

– Vraiment.

– Qu'est-ce que tu veux savoir ?

Will réfléchit un instant.

– Si je comprends bien, tu aimes les histoires, du moment qu'elles sont vécues ?

– Oui, on peut dire ça comme ça… J'adore écrire. Et travailler les textes. J'aime prendre un tas de mots qui ne fonctionnent pas bien ensemble et les arranger pour en faire quelque chose d'harmonieux, de lisible et d'intéressant. Je ne suis pas sûre qu'il existe une tâche plus satisfaisante que celle-là.

– Je n'avais jamais envisagé les mots de cette manière avant… (Will garde sa cuillère en bouche d'un air songeur.) Mais tu n'aimes pas la fiction ?

Je soupire.

– Ce n'est pas que je n'aime pas ça ; c'est juste que je n'ai aucun talent pour en écrire. Et même si on parle de lectures, c'est vrai que je préfère les faits qui ont eu lieu réellement, et pas seulement dans l'imagination de quelqu'un. Et toi ? Pourquoi est-ce que tu suis le cours de création littéraire, au fait ?

Will se gratte le nez.

– J'ai dû me dire que ce serait un cours facile à prendre en marche, j'imagine. Mais j'ai aussi pensé que ce serait marrant comme défi, avant de partir à la fac. Je voulais voir si j'arrivais à suivre. (Il se fend d'un large sourire, exhalant l'optimisme de la pointe de ses orteils jusqu'au sommet de son crâne.) Mais revenons à des choses sérieuses. Il faut que tu goûtes ça.

Il prend une énorme cuillerée de son banana split et me la tend.

– Non merci, je ne raffole pas des bananes.

– Ça tombe bien, il n'y a pas de bananes dans le

sundae choco-cacahouète, réplique-t-il en me regardant d'un drôle d'air.

Alors là, c'est carrément louche. J'étais là. Je l'ai entendu passer commande. Je me suis dit : *Beurk, des bananes.*

Will attend toujours, la cuillère suspendue en l'air.

– Dépêche-toi, avant que ça se transforme en milkshake, insiste-t-il.

Sa voix est toujours aussi calme, mais mon cœur bat un peu plus vite.

– Qu'est-ce qui t'arrive ? demande-t-il.

Je ferme les yeux. Ma peau me picote.

Je fixe le visage de Will pour tenter d'expliquer, mais il y a quelque chose de différent, là aussi. Ses cheveux ? Ses traits ? Je n'arrive pas à mettre le doigt dessus, mais le beau Will aux yeux bleus n'est tout simplement pas… lui-même.

C'est alors que je réalise que c'est exactement ça le problème. Les yeux du beau Will aux yeux bleus ne sont plus bleus. Ils sont marron, comme ceux d'Elliot.

Mon correcteur vérifie que mes personnages n'ont pas les yeux bleus dans une scène, puis marron dans une autre, nous a dit Epstein.

Si l'un d'entre vous a besoin d'une relecture, Annabelle est la personne qu'il vous faut ! a-t-elle ensuite plaisanté.

Je questionne Will :

– Tes yeux. Qu'est-ce qui leur est arrivé ?

– Comment ça ?

Il bat des paupières ; quand je distingue à nouveau ses iris, ceux-ci sont plus bleus que jamais.

C'est trop beau pour être vrai, m'a dit Ava. *On dirait qu'il est fait pour toi.*

– Annabelle ? Tout va bien ? demande Will en se penchant vers moi.

Tout à coup, une idée folle surgit. Et si Will était bel et bien *fait* pour moi ? Ou non pas « fait », mais… écrit ?

8

AV's Steakhouse

J'ai dû cogner à la porte du café-librairie Rosewood une bonne soixantaine de fois, et j'envisage sérieusement de forcer la serrure quand Ava apparaît soudain derrière la vitre, l'air d'avoir vu un fantôme.

D'un ton qui frôle l'accusation, je m'écrie :

– T'étais où ?

Puis j'entre en la bousculant, la forçant à reculer de quelques pas.

– J'étais à la réserve pour faire du réassort, répond-elle lentement, comme si elle s'adressait à ce type sur la Promenade qui vend des portraits de John Travolta, et uniquement de John Travolta. (John Travolta pêcheur en haute mer. John Travolta Jésus-Christ. Vous voyez le genre.) On ferme à 22 heures. Qu'est-ce qui t'arrive ? Respire !

Mains sur les hanches, j'inspire et j'expire plusieurs fois, avant de lui agiter le programme d'Epstein sous le nez.

J'ai couru tout du long jusqu'ici et, le souffle coupé, je lâche :

– Je pense qu'elle a peut-être dit la vérité.

Ava plisse les yeux.

– Va falloir que tu sois un tout petit peu moins cryptique.

– Will, je soupire. Il est tellement parfait, tellement bien organisé, et on se ressemble tellement, et il en pince tellement pour moi…

– Tu sais que ce n'est pas non plus *tellement* choquant, n'est-ce pas ? Qu'il soit dingue de toi. Tu es intelligente, belle ; bien sûr, tu as quelques manies de petite vieille, c'est vrai que ça peut surprendre, mais…

– C'est pas le problème ! Écoute, dis-je en me passant la main dans les cheveux. Il y a quelque chose qui cloche depuis deux jours. Depuis que Will a débarqué. D'accord, tout ce qu'on a en commun pourrait être une simple coïncidence, ou le destin ou je ne sais quoi, et le fait qu'il s'intéresse à moi est plausible. Seulement, il y a eu cette Lucy Keating, et ce qu'elle a dit, et puis le coup des glaces, et ensuite celui des yeux…

– Tu t'emballes, là, me coupe Ava. On se calme. Reprends depuis le début.

Elle s'assoit sur le comptoir. Et elle m'écoute raconter l'histoire à partir du commencement. Lorsque je termine l'épisode du glacier, elle reste songeuse.

– Tu es sûre que tu n'as pas été simplement distraite ? Tu sais, par le fait qu'il est tellement canon ?

– Je te *jure* que c'était un banana split !

– Tu détestes la banane, confirme Ava, comme si elle était la présidente de la Société de sauvegarde d'Annabelle Burns.

J'attends qu'elle ajoute quelque chose. Qu'elle trouve une explication rationnelle. Qu'elle m'assure que je n'ai pas d'inquiétude à avoir.

Au lieu de quoi, elle opine avec précaution :

– Bizarre.

– Bizarre, répété-je.

– Et Will, est-ce qu'il a remarqué les changements ?

– Non seulement il n'a rien remarqué, mais en plus c'est comme s'il s'était réinitialisé. Comme s'il avait été programmé. Et puis… il y a encore autre chose.

– Quoi ?

– Je crois qu'entre Elliot et moi il s'est passé… Je ne sais pas. Un truc ? Du genre « Ô temps, suspends ton vol » ? C'est difficile à décrire. Il s'est passé quelque chose entre nous ce soir, finis-je par résumer piteusement.

– *Hein ?* piaille Ava, prête à éclater de rire – mais, s'avisant de ma détresse, elle se calme aussitôt. Non, sérieux. *Quoi ?*

Alors, je lui déballe tout d'une traite. Je lui raconte qu'il a rompu avec Clara, combien il a été prévenant avec moi, sa présence au concert alors qu'il n'était pas censé y être. Le drôle d'effet que ça m'a fait. Cette bulle tout à coup, dans laquelle nous nous sommes retrouvés avant qu'il se fasse assommer. Et juste après, Will qui a repris les rênes de la soirée. Quand je termine mon récit, Ava semble interloquée.

– Mais tu ne peux pas saquer Elliot Apfel, dit Ava. Il te fait le même effet que les bananes.

– *Exactement !*... (Je tripote nerveusement mon bracelet.) Ava… Et si elle avait dit la vérité ?

– Qui ?... (Le silence tombe, et Ava me fixe intensément.) Non. Tu ne parles pas de Lucy Keating, quand même ?

– Réfléchis. Will se pointe, et il est parfait. Mais chaque fois qu'il ne l'est plus… comme quand il ne me propose pas la bonne glace, par exemple… il change. Epstein nous a parlé des correcteurs qui s'occupent des incohérences. C'est peut-être une incohérence que j'ai vue dans les yeux de Will. Peut-être que Lucy a oublié qu'elle avait choisi des yeux bleus pour lui. Je me rends bien compte que ça a l'air fou. Seulement… Et si c'était vrai ?

Ava réfléchit.

– Will a tout de l'ange tombé du ciel, c'est certain… On demanderait à mon père si tu pouvais être un personnage de roman, il nous répondrait probablement que tout est possible. Bon, c'est aussi parce qu'il est tout le temps défoncé, mais ça donne à réfléchir, quand même.

Le père d'Ava était une rock star dans les années 1990, et aujourd'hui il dirige un centre de retraite à Malibu. Il laisse Ava y fêter tous ses anniversaires ; on déroule nos sacs de couchage au pied du grand Bouddha de la salle commune et on fait rôtir des chamallows dans le jardin.

– Mais enfin, ce n'est *pas vrai*, n'est-ce pas ? dis-je. Ce serait absurde. Je ne suis pas réellement le personnage principal d'un roman écrit par Lucy Keating.

Ava secoue la tête.

– Ce n'est pas vrai, mais allons au bout de l'hypothèse. Prépare du café, moi je vais chercher tous les Keating qu'on a en stock, et on va examiner les faits. Ton passe-temps préféré. Sauf que là, les faits sont fictionnels. Tâchons de mettre tes compétences journalistiques à profit.

*

* *

Deux heures et une cafetière plus tard, je suis face au tableau noir sur lequel sont d'habitude indiqués les plats du jour. Nous avons tout effacé pour écrire tout en haut :

Annabelle est-elle dans un roman ?

Puis nous avons divisé le reste du tableau en deux colonnes :

oui / non

Ava se carre dans son siège, les mains croisées derrière la tête.

– Bon, dans la colonne « oui » : Annabelle Burns. Cellule familiale relativement adorable aux dysfonctionnements mineurs et bon enfant. Attachement irrationnel à sa maison d'enfance parfaite.

Je grimace :

– Plus pour longtemps.

Annabelle lève l'index.

– Perturbation majeure du quotidien incluant le divorce potentiel de ses parents aimants, et vente de la maison d'enfance parfaite par les mêmes parents. Du Lucy Keating tout craché, j'en ai peur. Désolée, ajoute-t-elle.

Sous « oui », j'écris : *famille, maison, divorce.*

– Ne se rend absolument pas compte qu'elle est belle comme le jour, ajoute Ava.

– Oh, je t'en prie !

– Tu vois ? Mec de rêve incroyable qui la remarque lors d'une arrivée typique en classe.

– C'est vrai que ça avait l'air arrangé de toutes pièces, marmonné-je en griffonnant *mec de rêve.* Et n'oublie pas les détails. Par exemple, le fait que j'aime me faire des casse-croûtes improbables au milieu de la nuit, comme la fille de *Quelque chose de vrai.*

Ma cicatrice qui date de la maternelle, la même que l'héroïne de *Par-delà les océans* ; et puis je cauchemarde toujours à l'idée de froisser mes draps, comme dans *La Vie en éveil.*

– D'accord, mais c'est le cas pour des tas de gens, tout ça, rétorque Ava. C'est le but, d'ailleurs. L'accessibilité des personnages, comme vous a dit Epstein... Et si on regardait du côté des « non », maintenant ? Tu ne traverses aucune épreuve vraiment difficile. Personne n'est en train de mourir, par exemple.

– C'est vrai, Dieu merci. Mais l'autre jour en classe, Lucy a bien précisé qu'elle voulait offrir un *happy end* à ses personnages.

– Exact. Mais tu n'es toujours pas dans un vrai triangle amoureux. Parce que Will est paradisiaque et parce que, tu peux me dire ce que tu veux, mais Elliot est un abruti. Et il n'est pas pour toi.

– Tu as raison.

C'est vrai. Elliot, c'est le type qui montre son cul à la fenêtre alors qu'on est en plein devoir surveillé. Il a gravé son nom sur toutes les tables auxquelles il s'est assis. L'année dernière, il a pris le contrôle des haut-parleurs de l'école, et il a passé les Kinks à plein volume pendant dix bonnes minutes, sans que personne ait pu prouver ensuite que c'était lui le responsable.

J'ajoute :

– Merci de m'avoir rafraîchi la mémoire.

– Tu sais ce que je pense ? demande Ava.

– Non, mais je parie que tu vas me le dire.

– Je pense que c'est important. Ce qui se passe entre Will et toi. Peu importe combien tu assures pour le reste : les garçons pour toi, c'est *terra incognita*. Et tu détestes ça.

– Est-ce que tu suggères que je cherche une raison pour tout faire capoter avec Will ?

– Peut-être, avance-t-elle avec une moue hésitante, qu'elle remballe aussitôt en voyant mon air agacé. Mais honnêtement, c'est pas de ta faute ! C'est dur, ce qui se passe avec tes parents. Et on termine bientôt le lycée. Franchement, on n'est pas tous un peu en pleine crise existentielle, là ? C'est flippant de penser à tout ça. Alors si tu veux mon avis, prends les choses comme elles viennent avec Will. Laisse-lui te prouver qu'il est bien réel.

Je me mordille la lèvre et repose le morceau de craie sur le comptoir.

– Tu es vraiment une super amie, tu sais ?

– Évidemment que je le sais, dit Ava en levant les yeux au ciel.

*

* *

Ce n'est pas forcément très malin de rentrer seule à pied à 3 heures du matin dans notre quartier, mais je sais par où passer pour rester en sécurité, dans une certaine mesure du moins ; et puis j'ai besoin de respirer. Je reste sur les grandes artères : Venice Boulevard, Abbot Kinney – qui vient d'être proclamée la Rue la plus cool d'Amérique, au grand dam de tous ses occupants de longue date.

– Combien de bars à jus faut-il dans *un* pâté de maisons ? avait demandé mon père quelques mois plus tôt, et ma mère lui avait rétorqué qu'il parlait comme un petit vieux.

– Mais le *vieux*, c'est cool, non ? avait-il alors demandé, sincèrement curieux. Le style papa *has been* ? Ce n'est pas ça que les jeunes aiment ?

– Ça et les bars à jus, apparemment, avait répondu maman avant de se replonger dans son livre, tandis que papa lui adressait un sourire satisfait.

Et dire que je les trouvais si bien assortis tous les deux, dans des moments comme celui-là. À présent, je suis triste et troublée en songeant à tout ce qui minait leur couple sous la surface.

Je poursuis mon chemin dans la Rue la plus cool d'Amérique, lorsque quelque chose de singulier se produit. Je passe devant AV's, mon restaurant préféré depuis que je suis toute petite. C'est dans ce boui-boui hors d'âge que je fête toujours mon anniversaire ; on y trouve de larges banquettes de cuir rouge et des glaces géantes arrosées de sauce au caramel. Je pile et retourne sur mes pas, remarquant pour la première fois que le magasin qui se trouve à côté de AV's, une boutique dans laquelle je n'ai jamais mis les pieds et qui s'est spécialisée en baskets européennes, possède la même enseigne, sans l'apostrophe ni le « s » : AV. Et c'est pareil chez le fleuriste d'à côté, les mêmes initiales, tracées d'une écriture ronde.

Je me remets lentement en marche. Qu'est-il arrivé à toutes ces enseignes ? Je me demande s'il n'y a pas un tournage en cours, ce qui est souvent le cas – la semaine dernière, ils ont transformé une boutique près de chez nous en café pour pouvoir y tourner un épisode de série télé – mais je n'aperçois aucun camion de production, ni aucun éclairage de studio. Et quelque chose me tracasse davantage : pourquoi les initiales AV me sont-elles si familières ?

Je cherche *AV* sur Google tout en avançant ; le résultat qui vient après AV's Steakhouse est une page Wikipédia. Je clique pour l'afficher, et mon cœur rate une marche.

> AV – Indication utilisée dans l'édition, qui signifie à venir. Elle sert à spécifier que des éléments supplémentaires seront ajoutés ultérieurement.

Et c'est alors que ça me revient. C'était en classe, hier, quand je flirtais avec Will par billets doux interposés. Epstein avait parlé de cette abréviation, en expliquant qu'elle l'utilisait lorsqu'elle avait prévu de revenir sur une scène pour y ajouter des détails manquants.

Je lève de nouveau les yeux et scrute les façades le long d'Abott Kinney Boulevard. Il n'y a que des AV partout, à l'exception de l'Electric Café, où nous nous fournissons en Bons Cafés.

Un endroit auquel Lucy Keating a pris le temps de trouver un nom, puisqu'elle vient d'écrire un chapitre dessus.

Sans en avoir conscience, je me mets à courir comme une dératée. Ma vie est remplie d'AV, parce que ma vie ne m'appartient pas.

Ma vie appartient à Lucy Keating.

9

La femme d'Egtved

Je me réveille en entendant renâcler quelque part derrière la porte de mon placard. J'ouvre en grand, découvrant un Napoléon occupé à fourrager dans mon panier à linge.

– Dégage ! rugis-je.

Napoléon s'extirpe de son trou en se tortillant, arrière-train en premier. Il me lance un regard vibrant d'indignation et, sans me quitter des yeux, quitte ma chambre à reculons.

Ma mère passe la tête dans l'encadrement de la porte :

– Tout va bien par ici ?

Eh bien, voyons voir, ai-je envie de lui répondre. *Ma vie est probablement rédigée par une romancière grand public à l'eau de rose, ce qui me force à remettre en question absolument tout ce que je dis et fais, sans parler du fondement même de mon existence.*

J'ai à peine fermé l'œil cette nuit ; j'ai passé l'essentiel de ces courtes heures à fixer le plafond, revenant sur chaque composante de ma vie dont je croyais détenir l'entière responsabilité. Sur chaque élément qui, j'en étais persuadée, m'appartenait en propre. J'ai la sensation qu'il me faudrait courir au moins un marathon et demi simplement pour parvenir à me détendre. Mon univers est sens dessus dessous, et il n'y a rien que je puisse y faire.

– J'ai mal au cœur, finis-je par répondre le plus honnêtement possible.

Maman pose une main fraîche sur mon front.

– Tu n'as pas l'air d'avoir de la fièvre… Tu veux me dire ce qui t'arrive ? C'est à cause de papa et moi ?

– Non, dis-je promptement.

– On n'a pas eu l'occasion d'en reparler, commence-t-elle. Tu es rentrée si tard cette nuit…

– Ce n'est pas à cause de… ça.

Je n'arrive même pas à prononcer le mot *divorce*. En désespoir de cause, je décide de faire mon lit. Maman vient m'aider et tire le drap de l'autre côté sans mot dire, sachant que je parlerai quand je me sentirai prête.

– J'ai l'impression que ma vie est devenue complètement hors de contrôle tout à coup. Je n'arrête pas de m'interroger sur les causes de ce qui arrive, et sur le sens que tout ça peut avoir. En fait, j'en suis même à me demander si ça a la moindre importance.

Je ne dis rien au sujet de Lucy Keating. Je suis à peu près convaincue que c'est bizarrement, absurdement réel, mais je n'imagine même pas l'évoquer devant ma mère pour le moment.

– Ma chérie, tout le monde se pose ce genre de questions à ton âge. Et ce ne sera sûrement pas la dernière fois que ça t'arrive dans ta vie. C'est ça, grandir, dit-elle en se penchant pour ramasser un oreiller tombé à terre. On n'a jamais voulu trop te couver, ton père et moi. Si on avait pris toutes les décisions pour toi, tu n'aurais pas eu l'occasion de savoir ce que tu voulais vraiment. Tu n'aurais jamais rien désiré par toi-même. Et aujourd'hui, regarde la jeune femme que tu es devenue ! Tu as hérité de certaines de nos plus grandes qualités, et tu en as des tas d'autres qui ne viennent manifestement pas de nous. Tu es très déterminée depuis toute petite, et tu t'es toujours lancée dans ce que tu voulais faire sans la moindre hésitation.

– Et si je ne savais plus où j'en étais ?

– Eh bien, ce n'est pas grave, tu sais, dit-elle en redonnant du gonflant à l'oreiller. Tu as dix-sept ans, ma chérie, et toute la vie devant toi pour trouver ta voie. Rien ne presse.

Je replie mon plaid et le pose au pied du lit avant de reculer d'un pas, perdue dans mes pensées. J'ai du mal à raisonner clairement. En partant du principe que tout ce que je croyais désirer est en réalité une somme de décisions et d'idées conçues par Lucy Keating, quelles seraient mes aspirations, si elle ne prenait pas les décisions à ma place ?

– Est-ce qu'Elliot a quelque chose à voir là-dedans ? demande soudain ma mère.

Je sursaute. Ma mère sait tout. Elle devine quand je suis contrariée avant que j'aie ouvert la bouche. Elle sait quelle tenue m'ira le mieux quand nous allons faire les magasins, même si au départ je refuse toujours ce qu'elle me suggère. Mais pour une fois, elle se fourre le doigt dans l'œil.

– Il ne se passe rien du tout avec Elliot ! dis-je vivement, avant de m'apercevoir que ce n'est pas vraiment la question qu'elle me posait.

Je pique aussitôt un fard.

– Il a toujours eu un faible pour toi, tu sais.

– Maman ! Ça ne te regarde tellement pas ! En plus, on ne peut pas s'encadrer avec Elliot.

Ma mère se contente de sourire et s'apprête à quitter ma chambre.

– Si c'est ce que tu crois, il te reste beaucoup de choses à apprendre sur les hommes. Elle s'immobilise sur le seuil. On n'est pas obligées d'en parler maintenant. On n'est pas obligées de parler de quoi que ce soit, précise-t-elle. Mais, quel que soit le sujet qui te tracasse, je suis là si tu as besoin de moi. En attendant, file te préparer. Je te proposerais bien de faire l'école buissonnière, mais tu sais aussi bien que moi que tu t'en voudras si tu sèches quelques heures.

Je soupire, sachant qu'elle a tout à fait raison. Une fois de plus.

*

* *

Quelques heures plus tard, je presse le pas sur le campus, ma destination en vue. Il n'y a qu'un seul bâtiment complètement délabré dans tout le lycée et, curieusement, c'est aussi mon endroit préféré sur terre.

Cedar Spring a été bâti sur les ruines d'un ancien couvent, ce qui à l'origine signifiait pour moi une ambiance dépouillée, peu de lumière et des tas de petites pièces aveugles. N'est-ce pas ce que font les nonnes à longueur de journée ? Parler à Dieu par la prière depuis d'étroites cellules ? Mais, en réalité, l'école se compose presque entièrement de bâtiments d'argile blanche surmontés de toits de tuiles rouges. Et comme beaucoup d'enfants de célébrités viennent ici, tout ce qui n'était pas déjà magnifique a été arrangé dans ce sens.

Tout, sauf la salle de rédaction de *La Gazette de Cedar Spring*, installée dans ce petit bâtiment de service désaffecté, tout en métal, tuyauterie apparente et Placoplâtre. Mais aussi tout en lumière : les baies vitrées vont du sol au plafond, et il y a même une fenêtre dans le toit. Je ne suis pas certaine de savoir pourquoi ce bâtiment a eu besoin d'une fenêtre de toit, mais j'en suis malgré tout enchantée.

Les bureaux ont dix mille ans, et l'endroit n'a pas été balayé depuis la fondation du club. Il y a des chewing-gums sous toutes les tables, des couches et des couches de ruban adhésif sur les murs, criblés de tant de trous de punaises qu'on se demande comment ils tiennent encore debout. L'administration nous a plusieurs fois proposé de changer de local, mais nous tirons une espèce de fierté de l'occupation de ces lieux. C'est ici que nous souffrons et que nous travaillons jusqu'à des heures avancées, dans l'intérêt de notre petite communauté de six cents lycéens.

La Gazette, c'est chez moi. C'est ici que je peux venir chercher un peu de solitude entre deux cours. Et c'est ici que je donne vraiment le meilleur de moi-même. Je me visse des écouteurs sur la tête, je me mets au travail sur un vieux Mac dans un coin, et personne ne vient me déranger avant l'après-midi, à l'heure où le club se réunit pour se répartir les articles.

Mon truc, c'est de boucler la boucle. J'aime faire une bonne grosse liste d'articles au tableau, puis les barrer bien proprement les uns après les autres une fois qu'ils sont rédigés. Et j'aime remettre ça, semaine après semaine. C'est la raison pour laquelle j'ai envoyé une demande d'inscription à Columbia, où j'ai prévu de suivre des études de journalisme en faisant mes stages dans les meilleures chaînes d'information new-yorkaises. Je sais que je n'ai même pas encore atteint officiellement l'âge adulte ; je sais que ma mère a dit que j'avais le temps de trouver ma voie. Mais une chose est sûre : Lucy Keating ou pas, mon avenir sera fait de mots.

Alors si je pouvais juste aller passer cinq minutes là-dedans, pour qu'on me donne un reportage à relire, ou pour régler un problème de maquette avec Hector, le graphiste en herbe que j'ai débauché du club artistique au semestre dernier, alors je pense que je commencerai à me sentir un peu plus moi-même. Celle que j'étais avant que…

– Salut ! lance une voix derrière mon dos.

Je me fige en grimaçant, puis pivote en m'efforçant de faire bonne figure.

Mais lorsque je découvre que c'est Will qui m'a interpellée, mon sourire pâlot se ravive. Will porte un pantalon gris et une chemise à carreaux d'une totale Willitude, et il me regarde avec ses yeux de biche et son adorable petit sourire plus-Will-que-ça-tu-meurs.

Je déteste ce que je m'apprête à lui faire subir.

– Comment se passe ta journée ? demande-t-il avec bonhomie. Tu te sens mieux ?

Je ne peux pas lui en vouloir de poser la question, après la crise de paranoïa que je lui ai servie hier soir chez le glacier. J'ai réussi à me contenir et à donner le change jusqu'à la fin de la soirée, mais je n'étais pas dans mon assiette, et il l'a remarqué. Sans parler du fait que j'ai quasiment bondi hors de sa voiture avant qu'il ait pu m'embrasser. Ce n'est pas que je n'en avais pas *envie* ; c'est seulement que j'avais d'autres préoccupations en tête. Je me demandais s'il était bien réel, par exemple.

– Oui, ça va mieux. Merci.

– Et si on remettait ça ? demande-t-il en s'approchant de moi et, une fois de plus, je me noie dans le bleu de ses iris. En essayant de passer une soirée sans traumatisme crânien, cette fois ? J'ai trouvé ce super resto vietnamien, juste à côté du lycée. Je me suis dit qu'on pourrait aller y déjeuner.

Ray Woods, notre chargé de com, capitaine de l'équipe de basket et objet de culte de Nisha, passe à côté de nous et me salue d'un signe de tête avant de serrer la main de Will. Ce dernier se tourne ensuite de nouveau vers moi. Je décide de ne pas relever le fait qu'arrivé dans cette école il y a moins d'une semaine il soit déjà pote avec l'un des types les plus respectés du lycée.

– Impossible, Will, dis-je en reprenant ma route vers les locaux de *La Gazette*.

– Pourquoi pas ? demande-t-il innocemment, toujours aussi adorable.

– Il faut que j'aille quelque part, dis-je, sibylline.

In petto, je précise : *n'importe où du moment que je peux m'y planquer. Même un trou fera l'affaire.* J'ai besoin d'un endroit où me réfugier pour échapper à tout ça, et peut-être même pour réussir à comprendre ce qui se passe vraiment.

– Je t'accompagne, propose Will d'un ton détaché.

Non loin de nous, sur la pelouse, les filles de l'équipe de tennis le lorgnent comme une bande de lionnes prêtes à bondir sur leur proie. Il ne les remarque même pas.

– Non, tu ne peux pas venir.

Will fronce les sourcils, pensif, et je me sens affreusement mal. Il ne mérite pas ça. Mais, cependant, il n'est même pas réel. Grâce à Lucy Keating, il tient plutôt du punching-ball romantique.

Sans lui laisser le temps de répondre, j'ajoute :

– Ça n'a rien de personnel, Will. Sincèrement. J'ai passé une bonne soirée hier. C'est juste que je suis en retard sur plein de trucs, et il faut que j'aille m'en occuper. Mais on se voit plus tard, d'accord ?

Et avant qu'il ait pu ajouter le moindre mot, je disparais dans la foule des lycéens qui se rendent en cours.

*

*   *

Pourtant, malgré tous mes efforts, Will est présent où que j'aille aujourd'hui. Je devrais être enchantée du fait de ne pouvoir lui échapper. Je devrais me réjouir qu'il soit invité dans les locaux de *La Gazette* pour être interviewé sur son étrange statut de nouveau, à quelques mois seulement de la fin des cours.

Je devrais frétiller de bonheur en le voyant venir faire un exposé pendant mon cours de physique sur la petite voiture solaire qu'il a conçue dans son ancien lycée.

Je devrais être ravie d'être alpaguée par le Dr Piper en me rendant à un rassemblement, de sorte qu'en arrivant dans l'auditorium je n'aie plus d'autre choix que de m'asseoir à côté de Will.

Oui, tout cela devrait me transporter de joie, mais il n'en est rien. Je n'arrive pas à réfléchir tant qu'il est dans les parages. Or j'ai vraiment besoin de me concentrer.

À 16 heures, je débarque à la bibliothèque où je trouve Nisha, Ava et Lee tellement affalées sur leurs chaises qu'elles en débordent sur les tables. Feignant d'être plongées dans leurs devoirs, elles m'accueillent d'un signe de tête désabusé. Rassérénée par leur torpeur, je m'installe à leurs côtés et ouvre mon ordinateur pour parcourir le *New York Times* d'aujourd'hui. Un titre attire mon attention : « De nouveaux faits révélés sur une adolescente de l'âge du bronze ».

Intriguée, je clique sur le lien et me retrouve à lire un article sur la fille d'Egtved, une adolescente dont la tombe a été découverte il y a presque cent ans, et qui date vraisemblablement de plusieurs milliers d'années. Les scientifiques pensaient au début qu'elle était originaire de la région du Danemark où on l'a trouvée, mais des analyses ultérieures ont permis de constater qu'elle venait sans doute de très loin et qu'elle avait beaucoup voyagé.

Je marmonne tout bas :

– Sûrement parce que personne n'écrivait son histoire sans son consentement.

Deux minutes plus tard, les portes de la bibliothèque s'ouvrent de nouveau, et je n'ai même pas besoin de lever la tête pour savoir que c'est Will. C'est forcément lui, d'autant que mes amies sont tout à coup agitées d'une étrange fièvre.

– Ah, la fille d'Egtved, dit Will en se penchant pour lire par-dessus mon épaule (et aussitôt, les poils de ma nuque se mettent au garde-à-vous). C'est fabuleux, non ? Quel personnage étonnant !

Malgré mon désir de lui échapper, je suis touchée par sa remarque.

– C'est exactement ce que j'étais en train de penser, dis-je.

Will me répond par un sourire et tire une chaise pour s'asseoir à côté de moi.

– Tu es encore occupée ? demande-t-il.

Je m'apprête à répondre par l'affirmative mais, en voyant l'adoration scintiller dans son regard, je lâche malgré moi :

– Plus vraiment.

– Tant mieux ! J'ai une surprise pour toi.

– Pourquoi ? grogné-je.

Pourquoi faut-il qu'il soit si parfait ? Il ne semble même pas s'en rendre compte.

– Ça s'appelle *Éléments de style*, dit Will en tirant un volume mince de son sac à dos. On s'en servait dans mon ancien lycée. Comme tu m'as dit que tu avais du mal avec le cours d'Epstein, j'ai pensé à ça. C'est un genre de manifeste pour les règles d'écriture. Pas tout jeune, mais culte. Ça ne parle pas beaucoup de création littéraire, mais je me suis dit que ça te rappellerait pourquoi tu es tombée amoureuse de cette discipline. Structure, organisation, simplicité.

J'ouvre le livre au hasard :

On fait depuis bien longtemps remarquer, était-il écrit, *que les meilleurs écrivains font parfois fi des règles de la rhétorique. Lorsque c'est le cas, toutefois, le lecteur trouvera à la phrase une certaine qualité qui le dédommagera du coût de l'infraction. À moins d'être certain de faire aussi bien, il convient de préférer suivre les règles.*

Je relève les yeux.

– Oh, Will ; c'est l'un des plus beaux cadeaux qu'on m'ait jamais offerts.

– Vraiment, il te plaît ?

– Je l'adore, dis-je sincèrement.

Will se mord la lèvre, et soudain j'ai l'impression qu'il n'y a plus que nous dans la pièce.

– Sinon, euh… (Il s'éclaircit la gorge et se tourne vers mes amies.) Je fais une grosse fête chez moi ce week-end. Je sais, c'est un chouia surprenant pour un mec qui vient de débarquer et qui ne connaît pas encore tout le monde. Mais c'est une compensation de mes parents pour m'avoir fait changer d'école quasiment sans préavis.

– Une fête ? s'écrie Nisha en écarquillant les yeux, l'air au bord de se mettre à danser sur la table.

Extatique, Ava joint les mains comme une princesse Disney.

– Énorme, confirme Will avec un air de conspirateur.

Un glapissement de joie s'élève parmi mes amies, provoquant un « chut ! » outragé du bibliothécaire ; je continue quant à moi de parcourir tranquillement mon livre. Il s'attarde, en des termes élégants et réfléchis, à détailler ce qui fait un bon paragraphe, et contient même une liste de « mots fréquemment utilisés à mauvais escient ». Mes amies s'endormiraient au bout de deux pages, j'en suis convaincue, mais pour moi c'est le paradis. Et le fait que Will l'ait deviné me déconcerte.

Je l'entends demander d'une voix implorante :

– Tu viendras, dis, Annabelle ?

J'ai la tête dans le brouillard. Devrais-je y aller ? C'est de la folie. Il n'est peut-être même pas réel. *Je* ne suis peut-être même pas réelle. Mais il ne s'agit que d'une fête.

Je considère tour à tour les visages enthousiastes de mes amies, le regard interrogateur de Will, puis de nouveau le livre dans mes mains.

– Je vais y réfléchir.

10

Une promesse de chaleur

Lorsque mon père me récupère après l'école cet après-midi-là, il m'annonce que nous devons nous arrêter chez le vétérinaire pour aller chercher Napoléon.

– Qu'est-ce qu'il a encore fait ?

– Je n'aime pas le ton que tu emploies, dit mon père en traversant Washington Boulevard. Mais, si tu tiens à le savoir, il semble que son projet de manger tous nos slips ait été interrompu par une sorte de... blocage. Il va s'en remettre, mais ils ont été obligés de l'anesthésier.

– Ils sont toujours obligés de l'anesthésier.

Napoléon a déjà usé trois vétérinaires et six toiletteurs depuis qu'il fait partie de notre famille. Quand vous téléphonez pour prendre rendez-vous, ils se contentent de dire : « Ah. » C'est peut-être en partie pour ça qu'il est si teigneux. Tout le monde passe son temps à l'abandonner.

Nos chaises pliantes produisent un bruit mat en raclant le lino de la salle d'attente. Nous sommes entourés de félins maussades et de lévriers neurasthéniques. Un petit terrier rondouillard est entraîné bien malgré lui dans la salle de consultation, essayant désespérément de s'arrimer au sol avec ses griffes comme si on le conduisait vers une mort certaine.

– C'est juste une visite de contrôle, Harvey ! s'exclame son compagnon à deux pattes.

Mon père lit un scénario sur son iPad, et j'ouvre *Éléments de style* en pensant à Will.

> ***Partie II, article 17 :*** *Une phrase ne doit contenir aucun mot superflu, un paragraphe aucune phrase superflue, pour la même raison qu'un dessin ne doit comporter aucun trait superflu, ni une machine aucune pièce superflue. Cela implique non que l'écrivain raccourcisse toutes ses phrases, ni qu'il évite tout détail et se contente d'esquisser ses sujets, mais que chacun de ses mots soit parlant.*

J'en soupire d'aise, mais bientôt une bouffée de nervosité m'envahit. Plus je songe à Will, plus je me pâme, et plus je me pâme, moins je sais où j'en suis. Je veux dire, Will pourrait-il vraiment avoir été écrit pour moi ? Ne suis-je réellement qu'un simple personnage créé par Lucy Keating ? Est-ce le cas de tout le monde ? Je coule un regard vers mon père. Pire encore : Lucy Keating a-t-elle vraiment manigancé le divorce de mes parents dans le but d'épaissir l'intrigue où je joue le premier rôle ? Un « élément déclencheur », comme dirait Epstein. C'est terriblement irritant d'entendre dans un coin de ma tête la voix de Lucy me susurrer que tout cela fait partie de son plan. Qu'est-ce que j'ai fait pour mériter ça ?

Incapable de me concentrer, je repose *Éléments de style* et sors mon téléphone pour googler Lucy Keating. Un article du dernier *Interview Magazine* retient mon attention. Il est illustré par une photo de l'écrivaine assise sur une méridienne, dans l'arrière-cour d'un bar typiquement hollywoodien. Le titre annonce : « L'extase et l'ironie : Lucy Keating était connue pour ses dénouements tragiques. Le naufrage de son propre mariage l'aura-t-il finalement transformée en indécrottable romantique ? »

IM : Vous avez récemment divorcé, avec une certaine discrétion, d'un homme relativement très médiatisé : Edwin Clarke, le plus jeune P-DG qu'ait connu Clarke Industries – l'entreprise qui possède deux des plus grandes agences média au monde.

LK (souriant) : Quelle est la question ?

IM : Pardonnez-nous notre indiscrétion...

LK : J'ai rencontré Edwin à l'université. Nous étions tous deux étudiants en littérature anglaise, et tous deux nous aspirions à écrire. Tout était différent à l'époque. J'ai choisi un master de recherche en littérature, lui s'est tourné vers la direction d'entreprise... Disons simplement que parfois les gens peuvent grandir ensemble, et que d'autres fois c'est impossible.

IM : La douleur de la rupture vous a-t-elle influencée dans votre travail ?

LK : Pas encore. Étrangement, j'avais de fervents adeptes de la tragédie. Les gens lisaient mes livres en sachant qu'ils plongeaient dans le drame la tête la première, et qu'ils allaient pleurer toutes les larmes de leur corps.

IM : Et ce n'est plus le cas désormais ?

LK : J'ai assez fait pleurer comme ça.

IM : Vers quoi vous dirigez-vous ?

LK : Eh bien, j'ai vécu beaucoup de changements durant l'année qui vient de s'écouler. Aujourd'hui, je vis sous le soleil de Californie. Je viens d'adopter un autre chien. C'est une vraie plaie, mais je l'adore. J'ai envie de me prendre un peu moins au sérieux. Je veux que mes personnages soient heureux.

IM : Comment ça se passe ?

LK : Je dois faire face à des réticences.

IM : De la part de vos éditeurs ?

LK (souriant de nouveau) : De la part de mes personnages.

Oh, ce que ça m'énerve. Je veux dire, pardon d'avoir une opinion sur le fait que ma vie est une putain d'invention ! Je réalise combien cette pensée est ridicule, et j'ai envie de hurler ; mais en relevant le nez de mon téléphone, je remarque que ma voisine est en train de lire par-dessus mon épaule.

– Désolée, dit-elle timidement. Je l'adore.

Je parviens à sourire.

Encouragée, elle enchaîne :

– Vous saviez qu'ils allaient adapter *Par-delà les océans* au cinéma ?

– Non.

Je songe : *Et si mon histoire était adaptée au cinéma, qui jouerait mon rôle ?* Puis je secoue la tête comme pour en chasser l'idée. C'est du délire. Je décide de changer de sujet :

– Vous êtes venue pour qui ?

– Pour Cocotte.

– Une poule ?

Je suis surprise. Je ne m'étais jamais figuré que les gens emmenaient leur volaille de compagnie chez le vétérinaire.

– Cocotte, c'est ma souris blanche, explique la dame, et je ne trouve rien à répondre à ça.

Le vétérinaire pousse les portes battantes et se dirige alors vers ma voisine, une petite boîte à chaussures dans les mains.

– Elle est toujours un peu dans les vapes, mais elle se porte comme un charme, dit-il.

L'amie de Cocotte se confond en remerciements, et mon père me jette un regard par-dessus son iPad avant de remarquer le livre posé sur mes genoux.

– D'où tu sors ça ? demande-t-il en pointant *Éléments de style*, une fois Cocotte et sa nounou sorties.

– C'est un pote qui me l'a donné, dis-je en sentant le rouge me monter aux joues.

– Un garçon ? interroge mon père, sourcil haussé.

– Oui, un garçon.

– Je me rappelle avoir lu ce livre à la fac. Il doit vraiment bien t'aimer, observe-t-il.

– Pourquoi tu dis ça ? dis-je d'une voix haut perchée qui sonne faux.

– Parce qu'il a l'air très attentif, répond mon père avant de retourner à son iPad, un petit sourire aux lèvres.

*

* *

Je suis dans un drôle d'état en retrouvant ma chambre, et la vue d'Elliot allongé sur mon canapé en train de lire mon cahier de création littéraire n'arrange rien.

– Elles sont pourries, ces histoires, dit-il.

– Je sais, dis-je en lui arrachant le cahier des mains avant de m'installer à mon bureau. Mais merci tout de même pour tes encouragements. Sors de ma chambre, maintenant.

– Je te soutiens à fond, Bellybutton, proteste Elliot en se redressant. Tu es pratiquement un génie. Tes textes ont déjà remporté des prix. Mais ces histoires-là, on dirait qu'elles ont été écrites par, ben… quelqu'un comme *moi*.

– Tu peux t'en aller ?

– Eh, dit Elliot en levant ses mains devant lui, comme s'il n'était pas responsable de mon air fumasse. Relax, Annabelle. Je plaisante.

– C'est faux, dis-je, et ma voix se met à trembler. Je sais qu'elles sont à chier, ces histoires. Et je n'en peux plus de ce cours, mais je n'ai pas le choix. Tu crois que ça m'amuse, de galérer comme ça ? Tout le monde n'a pas la chance d'être une feignasse.

La dernière phrase n'était pas nécessaire, je sais,

mais j'ai besoin qu'il fiche le camp d'ici. Sa présence me rappelle trop combien ma vie m'échappe.

– Ils ont trouvé un vaccin contre la vacherie ? Parce que je serais ravi de te l'administrer, rétorque Elliot.

– Très drôle.

– Tu l'as bien cherché.

– Pas vraiment, non. Je ne t'ai jamais demandé de venir ici. Pourquoi est-ce que tu es toujours fourré dans ma chambre ?

Elliot lève de nouveau les mains, le front buté, et se dirige vers la sortie.

– Je ne sais même pas comment l'expliquer, dis-je malgré moi.

Je réarrange compulsivement les affaires sur mon bureau dans l'espoir de me calmer, pour finalement renoncer avant d'enfouir mon visage dans mes mains, les yeux pleins de larmes.

– Ça ne t'arrive jamais d'avoir la sensation que ta vie est… (Comment expliquer un truc pareil ?) Disons, écrite pour toi ?

Contre toute attente, Elliot s'arrête et hoche la tête.

– Bien sûr que si.

– Vraiment ?

– Ouais, vraiment.

– Et qu'est-ce que tu fais, dans ces cas-là ?

– Je l'envoie chier, répond Elliot le plus sérieusement du monde, m'arrachant un petit rire.

Je repense à Will, que j'ai tenté de fuir toute la journée, en vain, et qui a poussé la prévenance jusqu'à m'offrir ce fichu livre. Tout ce que je voulais, c'était échapper à cette personne – ce personnage – que Lucy Keating avait écrit pour moi, mais envers et contre tout, il était là, tellement… fabuleux.

– Mais si tu ne peux pas ? Qu'est-ce que tu fais, si tu essaies et que ça ne marche pas ?

– C'est à propos de tes parents ? demande Elliot en s'asseyant sur mon lit. J'ai connu ça…

– Ce n'est pas eux le problème ! m'écrié-je.

J'ai envie de tout envoyer valser. Cela dit, ce n'est peut-être pas tout à fait vrai. Peut-être que, le problème, c'est que jusqu'à la semaine dernière, ma vie était super. Pas parfaite, mais pas loin. Tout était sous contrôle. Et aujourd'hui, plus rien n'est fiable. Je ne sais même pas ce qui est réel.

– Annabelle, si tu n'aimes pas le tour que prend ta vie… réécris-la, dit Elliot, sans deviner à quel point il a visé juste.

Il pose les coudes sur ses genoux et se penche vers moi. La dernière fois qu'il était aussi proche, c'était au concert.

Je gémis :

– C'est ce que j'essaie de faire !

– Alors continue. Tu te fais trop de souci.

– D'accord.

Je prends une grande inspiration. Il est toujours si près de moi… Tout à coup, j'éprouve une envie insensée de coller ma tête dans le creux de son cou, et de rester blottie là. Will sent peut-être la lessive, mais Elliot sent… la chaleur. Une promesse de chaleur.

– Annabelle ?

– Huuum ? dis-je en relevant la tête.

– Ton mascara a dégouliné partout sur ta tronche, dit-il, et au lieu de fourrer ma tête dans son cou, je lui donne un coup de poing sur l'épaule.

– Aïe !... proteste-t-il sans avoir l'air vraiment fâché. Bon, je ferais mieux de descendre. On a une répète.

Clara ou pas Clara. (Il se lève pour sortir, puis s'arrête sur le seuil et se retourne, la main posée sur le chambranle.) Au fait, tu vas à la soirée de ce mec, là, Will ?

Je ricane.

– J'aime bien ta manière de dire « ce mec, là, Will », comme si tu n'avais pas tenu la chandelle l'autre soir. Tu sais, quand j'ai dû jouer les secouristes.

– D'accord, la soirée de Will tout court. Tu y vas ou pas ?

Je me redresse un peu et m'essuie les yeux sans comprendre pourquoi il me pose la question.

– Euh… Je pense, oui.

Elliot croise les bras sur sa poitrine, l'air songeur. Je m'attends qu'il m'annonce avoir un concert ce soir-là, ou une invitation pour le vernissage d'une expo photo, ou une démonstration de skate. Elliot ne fraie pas tellement avec les gens du lycée. Ça n'a jamais été le cas.

– Moi aussi, déclare-t-il pourtant. On se verra là-bas.

– Ah bon ?

– Ben oui, si tu y vas, dit-il en sortant.

Il n'a pas dit ça pour me faire rougir, pas comme la fois où il avait fait une remarque sur mon jean. Non, c'était plutôt énoncé comme un simple fait. Comme il m'aurait précisé qu'il prenait un sucre dans son café.

– *Elliot !* crie alors Sam depuis le rez-de-chaussée. T'es où, mec ? On t'attend.

Elliot se met au garde-à-vous.

– Allez, je m'arrache. À plus.

Et il disparaît. La voix étouffée de Sam me parvient du hall d'entrée, à moitié couverte par la cavalcade d'Elliot dans l'escalier.

– Pourquoi t'es toujours fourré là-haut ?

– Pourquoi je suis toujours fourré où ? réplique Elliot avant que les garçons ne quittent la maison, et le son de sa voix me fait sourire.

11

Comme poney de soutien émotionnel, tu défonces tout

– Je crois que je suis amoureuse, dit Ava.

Elle est allongée sur la serviette de plage, la tête posée à côté de mes jambes. Pour fêter les jours qui rallongent, nous avons décidé de nous arrêter chez Papa's Poke Shop après l'école et d'y prendre de quoi pique-niquer sur la plage. Le ciel est rose barbapapa, ce qui tombe à pic pour notre conversation.

– Tu es tout le temps amoureuse, répliqué-je avant de planter ma fourchette dans mon plat.

Thon mariné merveilleusement épicé, avocat et riz brun, je réussis à avoir de tout dans la même bouchée. *Mmmh. Des glaces, de la nourriture hawaïenne*... Je n'ai besoin de rien d'autre pour survivre.

– Oui, mais cette fois c'est pour de bon, dit Ava.

– C'est toujours pour de bon. Qui est l'heureux élu, cette fois ?

– Navid, soupire-t-elle.

– Excellent choix !

Parmi les petits amis d'Ava, il y a eu un paquet de spécimens notoires, comme le chanteur punk et lourdement tatoué d'un groupe local, perpétuellement en colère, ou ce membre timide du club d'impro théâtrale de l'école. Mais Navid est un premier de la classe, président de notre promo, et authentiquement gentil avec tout le monde. Sans parler de ses yeux, probablement à l'origine de l'expression « regard de braise ».

– Alors, tu as un stratagème ?

– Il va à la fête de Will. Ils ont sympathisé en cours de SVT.

– Pas étonnant. Ils sont tous les deux tellement parfaits que c'en est presque suspect.

– Combien tu paries qu'un jour ils se présenteront aux élections présidentielles en binôme ? m'interroge Ava, et nous éclatons de rire toutes les deux. Hé ! On pourrait vivre en coloc à la Maison Blanche !

Je sais qu'Ava plaisante, mais ça ne m'amuse plus, parce que quelque chose cloche. Je lui ai déjà raconté ce qui s'est passé l'autre soir après notre réunion de crise à la librairie, quand j'ai réalisé l'omniprésence de cette enseigne, AV. C'est la preuve, aussi fou et perturbant que ce soit, que nous vivons effectivement dans un roman pour jeunes adultes, avec ma pomme dans le rôle principal. Un roman écrit par une auteure manifestement timbrée, qui se retrouve dans sa propre histoire. Et bien sûr, Ava me croit, parce que c'est Ava. Parce qu'elle est géniale.

Je vois bien combien Will est absolument idéal pour moi, mais il manque tout de même quelque chose.

– Ben qu'est-ce qui t'arrive ? demande Ava.

– Rien… C'est compliqué.

Ava réfléchit un instant.

– Peut-être que tu n'as pas envie de partager la Maison Blanche avec moi parce que tu veux garder la vedette pour toi toute seule, dit-elle calmement en jouant avec le sable.

Je manque m'étouffer avec le thon mariné.

– De quoi est-ce que tu parles ?

– Allons, AB. On sait tous quel rôle je joue dans cette histoire. Si tu es l'héroïne, et que Will est l'élément amoureux, qu'est-ce qui me reste ? Je suis la meilleure amie. Et que sait-on à propos des meilleures amies ?

– Que sait-on ? répété-je.

– Qu'elles n'ont aucune épaisseur ! s'écrie Ava en se redressant. Elles existent uniquement pour permettre au personnage principal de décrire ses faits et gestes et de résoudre ses problèmes. Elles sont là pour l'aider à la prise de conscience mais, en dehors de ça, elles ne sont rien, elles n'ont rien !

Furieuse, elle commence à remballer ses affaires.

– Attends, tu es vraiment fâchée ?... (Ava se contente de hausser les épaules sans me regarder.) Ava, je te jure que je m'en fiche, d'avoir la vedette. Tu me connais. C'est moi qui suis gênée quand vous vous faites remarquer au déjeuner. Je ne veux rien de tout ça, dis-je, et ma voix se brise.

Je n'ai jamais pensé à la manière dont Ava prenait toute cette histoire, et ça me rend malade d'imaginer qu'avec tout ce qu'elle fait pour moi je puisse lui donner l'impression de ne pas l'apprécier à sa juste mesure.

– Je t'en prie, Ava, tu es ma meilleure amie. Je t'aime. Tu ne peux pas m'en vouloir.

Elle soupire et lâche son sac. Puis elle se rassoit sur ses talons et contemple l'océan.

– C'est seulement que je ne veux pas être ton poney de soutien émotionnel, avoue-t-elle.

Je fais de mon mieux pour garder un visage impassible.

– Qu'est-ce que c'est, un poney de soutien émotionnel ?

Au large, un voilier traverse notre champ de vision en fendant l'eau, poussé par le vent qui gonfle la grand-voile. Je voudrais le rejoindre à la nage et partir aussi loin que possible d'ici.

Ava renifle :

– J'ai vu ce truc à la télé, ça se passait dans une ferme équestre en Virginie. Quelquefois, les chevaux qui viennent d'arriver sont hyper nerveux, alors ils ont ces petits poneys de soutien émotionnel pour leur tenir compagnie, comme des nounours. Il semblerait que ce soit une présence apaisante pour eux.

Nous nous dévisageons un instant sans rien dire, avant d'éclater de rire à l'unisson.

– Bon, d'accord, je suis peut-être un peu ridicule. Mais toute cette histoire est tellement bizarre, soupire Ava.

– Alors aide-moi à comprendre ce qui se passe ! Il n'y a peut-être que toi qui en sois capable.

Pensive, Ava hoche la tête puis se décale pour poser ses fesses sur la serviette de plage.

– Je sais que je te l'ai déjà dit, mais ce ne sera sans doute pas facile d'y voir clair. L'amour, les relations amoureuses, c'est bien un domaine dans lequel on ne maîtrise rien. Will, tu l'aimes bien ou pas ?

Je médite un instant sa question.

– Je l'aime beaucoup.

– Mais Elliot aussi te plaît ?

– Je n'ai pas dit ça.

– Pas la peine. Je le vois te déposer presque tous les jours. En général, il est en retard. Toi, tu n'es jamais en retard. Mais tu te mets en retard… pour lui.

– Ça n'a rien à voir avec lui ! protesté-je. C'est parce que c'est glauque avec mes parents en ce moment. Plus je passe de temps avec eux, plus je risque de devoir parler avec eux de… tu sais bien.

– Eh bien, il serait peut-être judicieux de parler de Tu-Sais-Bien.

Je chasse cette proposition d'un revers de la main.

– Non. Et pour Elliot, non plus. C'est Will qui me plaît, dis-je. Vraiment. Il est charmant, drôle, et chaque fois qu'on est ensemble il me donne l'impression qu'il n'y a plus que moi dans la pièce. Comme si j'étais une personne extrêmement intéressante, autant que lui, mais qu'il me trouvait encore plus intéressante que lui.

– J'ai un peu de mal à suivre, mais je crois que je vois l'idée.

– Je n'ai pas de sentiments pour Elliot ; c'est seulement qu'on se connaît très bien. Il me comprend là où ça coince pour les autres. Il sait s'y prendre avec moi.

– C'est parce que vous vous connaissez depuis toujours, souligne Ava.

– Mais ça ne veut pas dire que c'est de l'amour.

– Et ça n'a pas à *être* de l'amour ! s'exclame Ava en agitant les mains. C'est ce que j'essaie de t'expliquer. Tu ne sais pas du tout où ces relations vont te conduire. Tu te rappelles Jake Schwartz ?

Je m'allonge et couvre mes yeux d'une main.

– Comment l'oublier ? C'est le seul mec à t'avoir jamais larguée, si ma mémoire est bonne.

– Et je lui en voudrai toujours pour cette tache sur mon historique amoureux, grommelle Ava. Mais tu te rappelles quand je l'ai rencontré la première fois, en colo ? Il avait l'air tellement parfait ! C'était voué à être une idylle éternelle... Et puis je suis allée lui rendre visite à Cincinnati. Tu te souviens de ce qui s'est passé ? Tu te souviens des lézards ?

Elle se penche vers moi, l'air habité.

– Ouais, c'était moche. Je suis désolée, dis-je en tâchant de dissimuler mon hilarité.

– Il y avait un million de lézards dans sa chambre ! explose-t-elle. On ne voyait même plus les murs ! C'était une telle communion entre nous, tu comprends, grince-t-elle, qu'il avait oublié de me parler de sa vraie passion dans la vie. Il n'avait pas pensé à me prévenir pour les reptiles !

Je hoche la tête en pinçant les lèvres pour réprimer mon fou rire. Ava partirait au quart de tour.

– Là où je voulais en venir, c'est que si tu m'avais demandé cet été-là ce qui nous arriverait, à Jacob et moi, je t'aurais dit que c'était l'homme de mes rêves ! On ne s'est jamais disputés. On se ressemblait comme deux gouttes d'eau. On était fous l'un de l'autre. Mais parfois, la vie en décide autrement. Parfois, les gens mettent du temps à montrer leur vrai visage. Qui sait, tu pourrais aller chez Will ce soir et découvrir que sa chambre grouille de lézards.

– J'en doute.

– Mais tu n'en sais rien, réplique-t-elle, et je ne trouve rien à répondre.

Je fixe l'horizon en silence.

– Ce qui me tue c'est que, de temps en temps, je crois pouvoir la sentir dans ma tête. Je commence à douter de mes propres pensées, parce que j'ai peur que ce soit Lucy Keating qui les écrive.

– Bon, alors admettons que ce soit vrai, réfléchit Ava à voix haute. Je vois le genre. Elle serait comme Dieu. Mais elle n'est pas partout. Quel est l'endroit sur lequel les auteurs n'écrivent jamais ? Où rien d'intéressant ne se passe d'habitude ?

Ava ébauche un sourire.

– Je ne sais pas, dis-je avec perplexité.

Son sourire s'étire à présent d'une oreille à l'autre.

– Les toilettes.

– Dégueu ! m'exclamé-je.

– Dégueu ou pas, c'est ta seule porte de sortie. Si tu sens que tu pars en vrille, va t'asseoir aux toilettes jusqu'à ce que tu aies les idées claires. Bon, on y va ? Il faut qu'on choisisse comment on va s'habiller pour cette fête.

Elle prend son sac, replie la serviette et m'entraîne vers la Promenade. Nous passons devant les salons de tatouage, les artistes de rue occupés à remballer leurs stands, et tous les énergumènes qui rendent cette plage si pittoresque – comme ce type qui se balade déguisé en Stormtrooper.

– Ava ? Tu es tellement plus qu'un faire-valoir pour moi, tu sais.

– Je sais, dit-elle en passant son bras autour de ma taille.

– Mais comme poney de soutien émotionnel, tu défonces tout, dis-je doucement, et Ava me bouscule avec malice.

*

*   *

En rentrant chez moi, je trouve Mathilda Forsythe sur notre pelouse, face à La Maison, comme si elle attendait que celle-ci se mette à parler. Je la dévisage, et elle me rend mon regard sans plus d'explication.

– Qu'est-ce que vous faites là ? demandé-je.

Ma mère arrive à cet instant, vêtue d'un vieux jean et d'un pull en lin.

– Oh, ma chérie, je ne t'attendais pas si tôt ! (Elle hésite, puis opte pour un air avenant.) Mathilda envisage d'acheter La Maison.

La nausée me vient instantanément. Ça ne va pas du tout. Cette maison ne peut pas revenir à une Mathilda, avec sa conversation limitée et ses ensembles noirs. Il faut une famille, ici. Avec un frère et une sœur, et un petit chien caractériel. Je cogite à toute allure.

– Est-ce que tu lui as dit que le chauffage ne fonctionnait que la moitié du temps ? dis-je en posant les poings sur mes hanches.

– Annabelle, arrête un peu. Mathilda sait tout. Elle a écrit un article sur cette maison, quand même, dit ma mère avant de se tourner vers l'intruse : Je suis désolée, Annabelle a du mal à se faire à l'idée de déménager.

– Est-ce qu'elle sait que la chasse d'eau fuit là-haut ? dis-je à brûle-pourpoint.

– Ce n'est même pas vrai ! s'exclame ma mère.

– Ça pourrait, rétorqué-je en levant le menton. Maintenant vous aurez toujours un doute. Et, je vous préviens, les voisins se garent tout le temps devant notre garage, même si on leur a demandé un million de fois de ne pas le faire. Et ils n'arrêtent pas de faire des fêtes qui finissent toujours super tard. Personne n'arrive à dormir par ici.

– Très bien, je vois que tu es prête à inventer n'importe quoi maintenant, dit ma mère en s'empourprant. Va dans ta chambre.

– Ma future ex-chambre, tu veux dire.

Je me réfugie à l'intérieur et monte m'asseoir sur mon lit une minute, vibrante de rage. J'ai besoin d'aller courir, même s'il commence à faire sombre. Je me lève pour aller chercher ma tenue.

Tout ça n'est pas juste. Et tout va beaucoup trop vite. Ils ne peuvent pas m'annoncer leur séparation un matin et vendre la maison la semaine d'après. Surtout à Mathilda. Elle n'a rien à faire ici. J'enfile mes écouteurs et rejoins le rez-de-chaussée à petites foulées, prête à foncer au-dehors ; puis je décide de faire un crochet par le salon pour mettre les points sur les i.

J'entre en tempêtant :

– Vous savez quoi ?

Mais je suis obligée de m'en tenir là. La pièce est vide. Je n'ai plus personne à foudroyer.

C'est alors que j'entends des bruits en provenance du garage. Quelques pas suivis d'un braillement, qui titillent ma curiosité et me poussent à aller voir ce qui se passe. En ouvrant la porte, je tombe sur Elliot assis à la batterie.

– Ben qu'est-ce qu'il y a ? demande-t-il, en sueur, avant de boire une gorgée d'eau. Tu en fais, une tête. Il est arrivé quelque chose à Diane Sawyer ?

– Ma mère fait visiter La Maison à quelqu'un, dis-je en ignorant sa blague.

– C'est dégueulasse, commente-t-il. Viens par là.

Je m'approche de la batterie et, d'un air sérieux, Elliot me tend les baguettes.

– Qu'est-ce que tu veux que j'en fasse ? dis-je en hésitant à les prendre, comme si je risquais de me brûler.

– Vas-y, fais-toi plaisir, répond Elliot sur le ton de l'évidence. Crois-moi, ça va te faire du bien.

– Mais je ne sais pas jouer de la batterie. Je ne joue d'aucun instrument.

– Aucune importance. C'est même préférable.

J'hésite, puis prends place sur le tabouret. Je manipule un moment les baguettes dans mes mains jusqu'à trouver une prise légère et confortable, et avec un dernier regard en direction d'Elliot je laisse tomber la première baguette sur la caisse claire, puis la deuxième. Je recommence, une fois, deux fois, dix fois. Le rythme et l'intensité augmentent peu à peu, jusqu'à ce que je me retrouve soudain en train de hurler à pleins poumons, cognant comme une sourde sur l'instrument. Et quand je lève les yeux vers Elliot, il n'a pas bougé. Bras croisés, il sourit de toutes ses dents.

12

Pardon, je suis en retard

C'est du Will tout craché, de débarquer au lycée comme une fleur quelques mois avant la fin de l'année, et d'organiser en un rien de temps une soirée plus monumentale que tout ce dont je serais capable après quatre années passées dans ce bahut.

Je traverse le salon et franchis la baie vitrée pour aller sur la terrasse, qui surplombe une piscine gigantesque. Will est là, en tee-shirt et caleçon de bain rouge, au milieu d'une bande d'amis. Son regard s'éclaire lorsqu'il me voit, et je lui réponds par un sourire. Je m'en veux de l'avoir battu froid hier, et j'ai décidé d'écouter Ava. Will est fabuleux. Certes, il a peut-être été écrit pour moi. Mais est-ce vraiment la pire chose au monde ?

– Excusez-moi, dit-il sans s'adresser à personne en particulier, fendant la foule pour me rejoindre, les yeux rivés aux miens.

Il me serre contre lui en silence, et je ne peux pas faire autrement que de me sentir en sécurité, blottie dans ses bras. Je n'ai jamais été cette fille-là, avant. Oui, mes amies sont populaires, mais je n'ai jamais eu le petit copain *ad hoc* pour compléter le tableau.

– Salut, dit-il avec un petit sourire en coin. Tu as l'air…

Il ne termine pas sa phrase et se contente de secouer la tête.

Je rougis en baissant les yeux sur la robe qu'Ava a choisie pour moi. D'un joli rose poudré, elle a de fines bretelles et se boutonne sur le devant. Ava m'a reproché pour la millième fois de ne pas avoir de tenue à motifs, et je lui ai répondu pour la millième fois que les motifs sont rarement flatteurs, et jamais pratiques à assortir.

– Arrête ! dis-je à Will en le bousculant.

J'ai vu une fille faire un truc comme ça dans un film. Étant donné mon expérience limitée en matière de garçons, j'ai bien été obligée de m'instruire autrement.

– J'aimerais bien, mais je ne peux pas. Je ne sais pas mentir, tu te rappelles ? dit Will.

Il a les pupilles dilatées et les joues roses. Je ne sais pas si c'est à cause de moi ou s'il a déjà un peu bu.

– Ça va ? me demande-t-il.

J'ouvre la bouche, tâchant de trouver les mots.

– Je suis désolée pour hier. J'ai passé la semaine la plus bizarre de ma vie. Pardonne-moi.

– Te pardonner de quoi ? s'enquiert Will d'un air malicieux, et je me sais déjà toute excusée. Tu veux manger quelque chose ?

Il me prend la main pour me conduire à la cuisine.

Des montagnes de burgers, de chips et de guacamole sont disposés sur la table, tout autour d'un saladier de ceviche – trônant au centre tel la pièce maîtresse d'une collection dans une galerie d'art.

– Il y a du ceviche ? m'extasié-je en avançant la main pour me servir. C'est mon plat préféré !

– Il est correct. Mais je pense que j'ai mis trop de sel.

Mes yeux s'illuminent, et je termine ma bouchée avant de l'interroger :

– C'est *toi* qui l'as préparé ?

– C'est ma spécialité, dit-il fièrement. Je tiens la recette de ma grand-mère.

Ava entre alors dans la cuisine en tirant Navid par le bras.

– Salut ! s'écrie-t-elle, avant d'enrouler ses bras autour de Navid et de poser sa tête sur sa clavicule.

Ça n'a pas traîné, songé-je. Je ne sais même pas comment elle s'y prend.

Mais je me contente de sourire :

– Salut.

– Elle est arrivée ! dit joyeusement Navid en réajustant ses lunettes sur son nez. On t'attendait, Annabelle.

– Tu sais que Will a fait le ceviche *lui-même* ? m'interroge Ava en me regardant fixement, comme si ce qu'elle voulait dire en réalité, c'était : *Tu sais que Will est fait pour toi* ? *Et si on admettait tous que c'est une très bonne chose* ?

– Je sais, oui.

– Tu ne le trouves pas à tomber par terre ? demande Ava.

– Oh, il n'est pas mal… Un peu trop salé, peut-être, dis-je en prenant un air chiffonné, avant d'adresser à Will mon plus beau sourire.

– Oh, friponne, tu vas le regretter, dit Will en m'attrapant par la taille.

Je ris tout en poussant des cris perçants tandis qu'il me tracte vers la piscine.

– Non ! Pitié, non ! Non !

Will s'arrête et plonge son regard dans le mien. J'ai les bras autour de son cou, ses cils interminables papillonnent vers moi. Derrière lui, j'aperçois les gens qui chuchotent.

– D'accord, dit-il doucement. Pardon.

– Tout va bien, dis-je en déglutissant.

Puis, sans réfléchir, je me détourne pour regarder derrière moi, et j'ai aussitôt envie de me gifler.

– Qu'est-ce que tu cherches ?

– Rien, dis-je d'un air dégagé. Je regardais juste qui était là.

– Tous les gens importants sont ici. Tu veux une bière ? propose-t-il en passant son bras autour de mes épaules tandis que nous retournons à l'intérieur.

Une heure plus tard, je suis dans la cuisine de Will et de très bonne humeur. Je ne bois pratiquement jamais, parce que je n'aime pas l'idée de perdre le contrôle, mais ce soir je me suis laissé convaincre par Ava, Navid et Will. Quelque chose me travaille malgré tout, et même si la bière parvient à noyer la petite voix au fond de moi, je l'entends périodiquement reprendre le dessus et demander : *Mais où est Elliot* ?

– Tu as l'air ailleurs, chuchote Ava alors que Will est parti résoudre un problème de haut-parleurs et que Navid bavarde avec un camarade de son cours d'histoire.

– Ah bon ? Je pensais que ça ne se voyait pas.

– Tu ne peux rien me cacher.

Elle tangue un peu, mais c'est tout. Elle est déjà revenue à l'eau.

– Annabelle, je sais qu'Elliot te plaît. Une partie de moi se demande même si ça n'a pas toujours été le cas.

Mais je ne suis pas sûre qu'il soit fait pour toi. Et surtout, je ne suis pas sûre qu'il vienne.

À ces mots, la petite voix qui s'était assoupie s'éveille à moitié, émet un léger ronflement, puis se retourne.

– Je sais, dis-je en haussant les épaules.

– Écoute. Oui, il est possible que Will soit fait pour toi, écrit pour toi, des pieds à la tête. Mais est-ce que tu as envisagé l'hypothèse selon laquelle, dans un univers parallèle complètement dingue, il n'y aurait pas d'écrivain derrière tout ça, et selon laquelle malgré tout, Will serait, ben… fait pour toi ? Est-ce que tu as pensé au fait que ta vie pourrait être pire que ça ? Je veux dire, que d'avoir ce mec incroyable à tes pieds ?

– Le problème, c'est que je ne devrais pas avoir à me poser ces questions. Je ne devrais pas me demander si, dans d'autres circonstances, Will aurait préparé mon plat préféré de tous les temps, ou s'il l'a fait parce que Lucy l'a écrit. Je ne veux pas simplement accepter que ce mec incroyable me tombe du ciel. Je veux faire mes propres choix… Pff, est-ce qu'on peut arrêter de parler de ça ? Tu me donnes mal à la tête.

– Moi aussi, je me donne mal à la tête, bredouille Ava. Mais vois les choses comme ça. On ne sait pas où rien de tout ça commence, ni où ça va finir. On n'est pas certaines de ce qui peut se passer. C'est seulement la version de Lucy. Alors, si ça se trouve, Will te correspond parfaitement quoi qu'il en soit ! Lucy lui a peut-être donné la capacité de se comporter davantage comme un mec super, et moins comme cette bande d'imbéciles ?

Du menton, elle désigne le bar de l'autre côté de la cuisine, où Navid fait un bras de fer avec un copain.

Tout à leur lutte, ils font s'entrechoquer les canettes de bière entamées qui ont été abandonnées par terre.

Je médite ses paroles alors que Will revient du salon et prend une autre bière dans le réfrigérateur. Son apparition me met en joie. Mais j'entends alors autre chose, qui provoque un frisson entre mes omoplates. Une voix rocailleuse, qui dit :

– Pardon, je suis en retard.

Je me retourne : dans l'encadrement de la porte, Elliot me regarde.

– Tu as raté presque toute la soirée, lui dis-je.

Je suis très prudente, dans mon propre intérêt d'abord, et puis aussi parce que je suis parfaitement consciente du fait que, derrière mon épaule droite, à quelques mètres de là, Will nous regarde attentivement.

– Je sais, je suis vraiment désolé. Je peux t'expliquer.

– C'est pas grave, dis-je. Ce n'est pas comme si on avait prévu quelque chose.

Et je parie qu'il a une bonne explication. Mais ce sera probablement débile. Du genre, il aura bu quelques bières avec Sam et Lenny, le bassiste de leur groupe, et il aura perdu la notion du temps. Ou il aura décidé d'aller surfer trop loin du côté de Malibu, et il se sera retrouvé coincé dans les embouteillages au retour. C'est toujours pareil avec lui. Pas de responsabilité, pas de problème. Je m'en fiche, de toute façon. Ce n'est pas comme s'il m'avait promis de venir. Et quand bien même, ça n'aurait pas eu tellement d'importance.

Mais Elliot fronce les sourcils.

– Si, c'est grave. Ça m'a vraiment soûlé. D'abord, les flics m'ont arrêté alors que je n'avais même pas fait d'excès de vitesse.

– Mais bien sûr, dis-je avec un sourire.

– Je te le jure, Annabelle, dit Elliot d'une voix vibrante d'intensité.

Mon sourire s'évanouit. Il est vraiment sérieux.

– D'accord, je te crois. Désolée.

Elliot poursuit en se tordant les mains. Je ne lui ai jamais vu l'air aussi grave.

– Ensuite, ma voiture est tombée en panne – ce qui n'est vraiment pas de bol, étant donné que mon père les entretient parfaitement. J'ai décidé de la laisser garée sur Lincoln Boulevard, vu que je commençais à être très en retard. Mais quand j'ai voulu m'en aller, je me suis aperçu que je n'avais plus mon téléphone. Ni dans mes poches, ni sous les sièges, nulle part. Il a dû tomber quand je me suis fait arrêter par les flics. Bref, j'ai décidé de finir à pied, mais je n'ai pas arrêté de me perdre.

Quelqu'un s'élance du plongeoir et fait un énorme plat dans la piscine. Tout le monde l'acclame avec enthousiasme. Je me retourne vers Elliot. C'est incompréhensible.

– Comment as-tu réussi à te perdre dans Santa Monica ? On a vécu ici toute notre vie, et la moitié des rues portent un numéro.

– Merci de me le rappeler, grimace Elliot avant de secouer la tête, incrédule. Je ne sais pas ce qui s'est passé. Je ne sais même pas comment j'ai réussi à arriver jusqu'ici. Mais j'ai réussi.

Je baisse les yeux sur ma bière, et quand je les relève Elliot est tout près de moi. Il croise mon regard, et je sens mes genoux flageoler. Je finis par l'interroger :

– Si c'était si compliqué de venir jusqu'ici, pourquoi est-ce que tu t'es obstiné ?

– Je pense que tu sais pourquoi, dit-il en baissant les yeux.

Je déglutis.

Doucement, j'avance :

– À cause de moi ?

– Ça irait, si c'était à cause de toi ? réplique-t-il tout aussi prudemment.

D'un hochement de tête imperceptible, j'acquiesce.

Je ne suis toujours pas sûre de devoir le croire, parce que cette histoire est absurde. Mais il est là. Il est venu, en fin de compte. Pour moi, dit-il. Et maintenant que j'y pense, je me demande si Elliot n'est pas plus complexe que je ne le croyais.

Son téléphone sonne, et nos regards se croisent.

– Alors ton téléphone était dans ta poche depuis le début ?

Je pars d'un bon rire. Elliot sort l'objet et le fixe comme s'il risquait de se faire mordre.

– Non, il n'y était pas, dit-il lentement.

– Ben, si, manifestement…

– Je te dis que *non*, réplique-t-il avec fermeté, avant de décrocher. Oui, papa. Je suis vraiment désolé. Je te jure, je l'ai bichonnée pourtant. Elle est au croisement de Lincoln et de Wilshire Boulevard. Tu crois que Curtis peut aller la récupérer ? Sinon j'irai demain matin. Je sais… (Il se passe la main dans les cheveux.) J'ai rien compris. Je te promets que j'en prenais soin ! C'était comme si une force invisible avait pris le contrôle sur le moteur…

Je frémis légèrement en l'écoutant. Lorsqu'il raccroche, je le scrute attentivement.

– Il t'est vraiment arrivé tout ça ce soir ? demandé-je, le cœur battant. Les flics, la panne, le téléphone…

– Ouais. Tu n'étais pas là quand je l'ai raconté, il y a trente secondes ?

– Et tu n'es pas rentré chez toi, insisté-je.

– Non, AB. Je viens de te le dire, lâche-t-il, excédé.

Je ferme les yeux un instant, tâchant de mettre un peu d'ordre dans mes pensées. C'était différent avant, quand il ne s'agissait que de moi, de ma vie. Quand elle s'invitait dans ma tête. Mais il n'y a pas d'autre explication à ce qui est arrivé à Elliot ce soir. C'est *elle* qui a fait le coup. Lucy Keating. Il n'y a pas que moi qu'elle contrôle ; elle contrôle tout. Les galères d'Elliot ce soir. La baguette qu'il a reçue en pleine tête au concert de Paper Girl.

La révélation me heurte de plein fouet : Lucy Keating ne veut pas qu'Elliot soit proche de moi.

Je marmonne :

– Je pourrais la tuer…

– Tuer qui ? demande Elliot.

– Attends une minute, dis-je, chancelante.

Je le plante là et gagne l'étage. J'ai besoin de réfléchir, et il n'y a qu'un endroit possible pour ça.

*

* *

Deux minutes plus tard, je suis assise sur les toilettes dans la salle de bains de Will. La pièce est rutilante de propreté et sent le frais. J'enfouis mon visage dans mes mains. Alors c'est bien vrai. Lucy Keating n'est pas folle. Elle écrit bel et bien ma vie. Et elle n'a pas simplement décidé que Will serait parfait. Elle s'arrange aussi pour tenir Elliot à l'écart.

Et, je le comprends à présent, je n'ai aucune envie qu'Elliot se tienne à l'écart.

Je repense aux paroles de Lucy quant au fait de n'écrire plus que des histoires qui se terminent bien désormais. Comme si c'était un merveilleux cadeau qu'elle nous offrait à tous. Ses lecteurs, ses personnages. Mais, pour arriver à ses fins, elle s'arrange pour saboter toutes les autres possibilités. Tu parles d'un cadeau ! Elle est bien plus fêlée que je ne croyais, finalement. Et j'ignore s'il y a quoi que ce soit que je puisse faire pour l'arrêter.

– Bon, Annabelle, réfléchis, me dis-je. Tu n'es pas du genre à perdre tes moyens. Ça ne te ressemble pas. Qu'est-ce que tu fais quand un problème se présente ?

Soudain, on frappe doucement à la porte.

– Va-t'en, Will.

– Ce n'est pas Will, répond Elliot de l'autre côté de la cloison.

Je me redresse, hésitante.

– Tu vas bien ? demande-t-il. Annabelle, est-ce que tu veux bien me parler ?

J'entends la voix de ma mère résonner dans ma tête. *Tu es très déterminée depuis toute petite, et tu t'es toujours lancée dans ce que tu voulais faire sans la moindre hésitation.*

Alors comme ça, je suis dans un livre. Alors comme ça, c'est Lucy Keating qui écrit ma vie. Et elle croit que Will est fait pour moi.

Rapidement, je me lève et lisse ma tenue du plat de la main.

Qui a décidé que je ne pouvais pas écrire mon histoire moi-même ?

– Écoute, dit Elliot alors que j'ouvre la porte, je suis désolé de t'avoir fait flipper tout à l'heure. Je n'aurais peut-être pas dû te raconter le calvaire que ça a été de venir ici. Ni te dire que j'étais venu pour toi. Je comprends que tu sois déstabilisée. Mais je commençais à devenir dingue, et…

Je l'écoute à peine et le tire à l'intérieur de la salle de bains. Sans réfléchir, je passe mes bras autour de son cou.

– Qu'est-ce que tu fais, Bellybutton ? demande Elliot à voix basse, les yeux mi-clos.

– Les écrivains ne voient pas leurs personnages quand ils sont aux toilettes, dis-je.

– Qu'est-ce que tu… ?

– Plus tard, répliqué-je en posant un doigt sur ses lèvres.

Et j'embrasse Elliot Apfel sur la bouche. Nos lèvres se trouvent facilement, et je me sens attirée vers lui comme un aimant. Mes mains se posent sur ses joues tandis qu'il répond à mon baiser sans la moindre hésitation.

13

Parce que je suis avec toi

Elliot est peut-être surpris par mon baiser, mais il se ressaisit rapidement. En quelques secondes, il a lâché la canette de bière vide qu'il tenait pour m'enlacer à son tour. Et lorsque nous cessons de nous embrasser, il appuie son front contre le mien.

– Annabelle, dit-il dans une espèce d'éclat de rire.

Comme s'il venait de se réveiller et qu'il me trouvait là, dans ses bras. Comme s'il avait des tas de choses à dire, mais qu'il ne parvenait pas à aller plus loin que mon prénom. Ça ne me dérange pas. Je viens de découvrir que le seul moyen de faire taire Elliot, c'était de l'embrasser.

Je ferais mieux de me concentrer sur ce que je viens de faire. J'ai embrassé le meilleur ami de mon frère. J'ai embrassé une personne que la moitié du temps je ne pouvais pas voir en peinture, et qui semblait bien me le rendre. J'ai embrassé quelqu'un qui n'est pas Will, chez Will, au cours de sa fête.

Elliot se penche et caresse ma joue avec son nez.

Mais c'est à peine si je m'en rends compte. Parce que, soudain, je réalise quelque chose : j'ai embrassé la personne que j'avais envie d'embrasser depuis le début. Pour une fois, je n'ai pas pensé stratégique, je n'ai pas pensé aux intentions de Lucy. Pour une fois, j'ai simplement fait ce que j'avais envie de faire.

– On sort de là ? dit Elliot à mon oreille.

Tempête sous mon crâne. À quoi m'attendre demain ? Que diront les gens ? Y a-t-il un quelconque avenir à cette histoire ?

Puis je tombe sur le regard brûlant d'Elliot.

Et je finis par laisser échapper :

– D'accord.

*

*   *

J'ai récupéré mon vélo dans l'entrée, et Elliot en a emprunté un autre dans le garage, où nous nous sommes faufilés après être sortis discrètement de la maison. Je ne voulais voir personne, je ne voulais parler à personne. Ni à Will, ni même à Ava. Je voulais que rien ne vienne perturber ce moment parfait.

En chemin pour la maison, nous nous arrêtons sur Rose Avenue dans une gargote mexicaine, et nous dévorons des *carnitas* assis sur le trottoir. Elliot a passé son bras autour de mes épaules, et ça ne me fait pas le même effet qu'avec Will. C'était agréable aussi avec ce dernier, mais j'étais tellement consciente de sa présence, de cette perfection qui semblait charmer tout le monde. Avec Elliot, je me fiche de ce dont j'ai l'air, de ce qu'on peut penser de nous. J'ai seulement envie de l'écouter me raconter ses histoires tordues. Il ne s'agit de personne d'autre que de nous deux.

À Venice, il y a de la magie dans l'air en permanence, mais c'est vraiment la nuit qu'on la sent le mieux, surtout à vélo. Les rues se vident, et l'air chaud vous caresse tandis que les terrasses illuminées défilent sur les côtés. Le monde vous appartient. C'est comme si vous étiez capable de tout. Comme si vous pouviez rouler jusqu'au Mexique, si c'est ce qui vous chante.

Nous sommes presque arrivés à la maison, et Elliot pédale devant moi, sans les mains, bras écartés. Je pouffe. Il reprend le guidon et décrit des cercles autour de moi.

– J'aime bien ta robe. Je t'ai déjà dit que j'aimais bien ta robe ?

– Non, mais merci, dis-je en luttant pour regarder droit devant moi et conserver une voix neutre.

– J'aime bien ton visage, ajoute-t-il en continuant de me tourner autour. Je t'ai déjà dit que j'aimais bien ton visage ?

– Non, mais merci, dis-je à nouveau, cette fois sans retenir mon sourire.

Nous nous arrêtons au feu rouge, et Elliot reçoit un texto.

– Qui est-ce ?

– Lenny, dit-il en rangeant son téléphone sans répondre au message.

– Qu'est-ce qu'il voulait ?

– Il est à une soirée, il voulait que je passe.

– Oh, dis-je d'un ton que j'espère dégagé. Cool. Tu veux y aller ?

– Non.

– Pourquoi ? dis-je en esquissant un sourire.

Le feu passe au vert, et Elliot démarre en trombe.

– Parce que je suis avec toi ! lance-t-il par-dessus son épaule, et mon cœur enfle dans ma poitrine.

J'ignore où nous allons, mais je le suis le long de Rose Avenue en direction de la plage. Elliot saute de sa selle et accroche nos vélos sur le sable, au pied d'un poste de secourisme. Il escalade la balustrade et me tend la main. Je m'élance et m'assieds à côté de lui. Un léger frisson me traverse, malgré la douceur de l'air.

Puis Elliot passe son bras autour de mes épaules, et je pose enfin ma tête au creux de son cou, là où je mourais d'envie de me réfugier.

Nous restons silencieux un moment, et je finis par me redresser.

Il sourit.

– Quoi ? demandé-je.

Il continue de sourire.

– Qu'est-ce qu'il y a ? insisté-je, mais son allégresse me gagne peu à peu.

Je ne sais toujours pas pourquoi il a l'air si joyeux, mais sa présence m'étourdit.

– Bien bien, se contente-t-il de dire.

– Oh, la ferme, dis-je en le poussant.

– Je savais que tu en pinçais pour moi, glousse-t-il, hilare.

Je le pousse de nouveau, et il attrape mon bras pour me ceinturer tandis que je glapis.

– Que *moi* j'en pinçais pour *toi* ? m'exclamé-je entre deux rires. C'est toi qui étais là, genre : *Hum, euuuh, salut, je me pointe au concert où je savais que j'allais te trouver…*

J'ai pris une voix grave de Frankenstein pour l'imiter, et il s'esclaffe :

– Ah bon, je ressemble à ça quand je parle ?

– Mais oui, exactement, je mens.

– Pourquoi personne ne me l'a jamais dit ?

– On en parle sans arrêt entre nous, dis-je solennellement. C'est pour ça que je suis ici ce soir.

Je m'amuse de ma propre plaisanterie, mais Elliot ne semble plus m'écouter. Il me caresse les cheveux et coince une mèche folle derrière mon oreille.

– Je t'en suis éternellement reconnaissant, dit-il en replongeant son regard dans le mien.

Nous ne rions plus du tout à présent.

Même si on s'est déjà embrassés, même si je suis à peu près sûre de lui plaire, j'ai du mal à regarder Elliot dans les yeux. Mais il soutient mon regard, et c'est moi qui l'ai embrassé la première tout à l'heure. Alors, je fais la seule chose qui me vient à l'esprit : je commence à compter. Je tiens deux secondes avant de baisser les yeux sur son torse, puis quatre secondes la fois d'après. Je monte ensuite à cinq et, alors que je détourne une nouvelle fois le regard, ses lèvres s'approchent pour embrasser les miennes.

Ce baiser n'a rien à voir avec celui de la salle de bains, où je lui avais maladroitement sauté dessus en faisant tomber le sèche-cheveux posé sur le rebord du lavabo. Ce baiser, à l'initiative d'Elliot cette fois, ce baiser est lent, délibéré. Jamais on ne m'avait embrassée comme ça.

Lorsque nous reprenons enfin notre souffle, une bonne heure plus tard, il est minuit passé.

– Il faut qu'on y aille, dis-je.

– Je sais. Mais pas tout de suite.

14

Est-ce qu'on peut effacer tout ça ?

Il fait toujours nuit lorsque j'ouvre les yeux, et les étoiles scintillent au-dessus de nous. Je tourne la tête vers Elliot ; parfaitement réveillé, il contemple l'océan, le visage calme. Je pose ma main sur sa pommette et, du bout du doigt, je suis le dessin de l'arcade. J'ai du mal à croire que nous n'avions pas encore cette intimité, une poignée d'heures plus tôt. Je ne veux plus jamais me trouver plus loin de lui que maintenant.

– C'est fou, toutes ces taches de rousseur, dis-je. On ne voit pas à quel point elles sont nombreuses tant qu'on n'est pas tout près.

Elliot me regarde en souriant. Puis il me prend au dépourvu :

– On va nager ?

– Mais on n'a pas nos maillots, dis-je, et son sourire se fait machiavélique.

– Mais… Et si on se fait arrêter ?

– Regarde autour de toi, AB. Il n'y a personne à cette heure-ci. Et quand bien même, qu'est-ce qui pourrait arriver au pire ? Tu diras à tes parents que tu as été arrêtée pour un bain de minuit ? Ils seraient probablement soulagés, tu sais. Tu t'inquiètes trop.

Je réfléchis. Il n'a pas totalement tort.

– Je fermerai les yeux, promet-il, matois.

– Non, tu ne les fermeras pas.

Elliot prend un air outrageusement innocent ; je lui donne un bon coup de coude.

– Je plaisante, je plaisante ! D'accord, je les fermerai, si c'est ce que tu veux.

Je le dévisage et il soutient mon regard, alors je me lève et pars en flèche vers le rivage. Je me déshabille et plonge dans l'eau en sous-vêtements. Elle est glacée, mais je suis bien trop dopée à l'adrénaline pour m'en soucier. Mon corps entier sembler parcouru de vibrations.

J'entends un plouf dans mon dos, et Elliot émerge quelques instants plus tard tout près de moi.

– J'en reviens pas que tu l'aies fait ! s'exclame-t-il. Tu me surprendras toujours, AB.

– Tu me prends vraiment pour une intello trouillarde, hein ? dis-je en battant des jambes pour garder la tête hors de l'eau.

– Ben, c'est toi qui le dis, réplique-t-il en haussant les épaules.

Je réagis en l'éclaboussant, et lorsqu'il redresse la tête son regard me prévient que je vais avoir de gros ennuis.

– Toi, je vais te couler, murmure-t-il en s'avançant vers moi.

Ses bras enserrent ma taille. Je pousse des cris d'orfraie, mais il ne m'enfonce pas la tête sous l'eau. Il ne m'éclabousse même pas. Son visage s'adoucit face au mien.

– Je croyais que tu allais me couler, dis-je doucement, une main posée sur son épaule, l'autre écartant prudemment ses cheveux mouillés de son visage.

– J'ai changé d'avis, souffle-t-il avant de se pencher sur moi pour m'embrasser.

Cette fois, malgré l'eau glacée, la chaleur monte à toute allure entre nous. Une sorte de réaction chimique qui me coupe le souffle. J'enroule mes jambes autour de sa taille et l'embrasse de plus belle. J'aimerais qu'on reste là toute la nuit. J'aimerais tellement que ce soit ça, mon *happy end*.

*

*   *

Nous sommes de retour sur la plate-forme du poste de secourisme, blottis l'un contre l'autre, enveloppés dans son pull.

– Bon, je ne veux pas gâcher l'ambiance, dit Elliot, mais est-ce qu'on ne devrait pas parler de Will ?

J'ai un pincement au cœur. Will. Je ne suis pas très fière de ce que nous avons fait ce soir. C'est vraiment un mec bien. Parfait, idéal pour moi et sûrement très influencé par Lucy Keating, mais quand même. Il ne méritait pas que je disparaisse comme ça.

– De quoi veux-tu parler, précisément ? dis-je avec prudence.

– Allez, Annabelle, répond Elliot d'une voix un peu plus tendue. Je sais que tu as passé pas mal de temps avec lui. Vous êtes juste amis ? Est-ce que tu essayais de me rendre jaloux ? Ou est-ce que c'est plus compliqué que ça ?

– Te rendre jaloux ?... Je ne suis pas une de tes groupies, Elliot.

– Ho ho, mes « groupies » ? On n'est plus dans les années 1970, AB. Et tu n'as pas répondu à ma question.

– C'est un ami.

– Oh, un *ami*, répète Elliot, sarcastique. Un ami qui t'envoie des textos sans arrêt, qui te suit toute la journée comme un petit chien. Qui ne m'a pas lâché des yeux dès la seconde où je suis arrivé à sa fête, où je te trouve dans *cette* robe…

Je le reconnais bien là, irrationnel et culotté.

– Je portais cette robe pour *toi*.

Même si je n'avais pas été capable de me l'avouer jusqu'à maintenant.

Elliot ne répond pas et fixe l'océan.

Je soupire. Il ne comprend pas pourquoi la situation est si perturbante. Je pose une main sur sa nuque, et tourne gentiment sa tête vers la mienne.

– Il faut que je te raconte quelque chose. À propos de tout ça. À propos de la présence de Will dans ma vie, et pourquoi je pense que les choses se passent comme ça.

Elliot fronce les sourcils tandis que je prends une grande inspiration avant de tout lui déballer ; la rencontre avec Lucy Keating en cours de création littéraire, ce qu'elle m'a dit sur le parking, les conclusions auxquelles nous sommes arrivées, Ava et moi. C'est un soulagement immense de lui raconter toute l'histoire, même si j'ignore quelle sera sa réaction. J'achève mon récit d'un ton implorant :

– … Tu me crois, n'est-ce pas ?

Je scrute son visage. Il faut qu'il me croie. Sauf que… ce n'est pas ce qui se passe.

Pris d'un fou rire inextinguible, il ne parvient plus à s'arrêter.

Moi, je ne rigole pas du tout. C'est plus fort que moi : je suis mortifiée.

– Prends ton temps, dis-je d'un ton sec. Vas-y, vide ton sac.

– Pardon. Mais vraiment, Annabelle. Sérieux ? Une tarée débarque dans ta classe pour dire qu'elle écrit sur toi, et puis quoi ? Paf, tu tombes dans le panneau ?

– Je ne tombe dans aucun panneau. Je viens de te l'expliquer, dis-je, lasse qu'il n'écoute jamais quand on lui parle. J'ai ouvert les yeux. Face à tout ce qui se passait. Toutes les contradictions, les rebondissements et…

– La vie est pleine de rebondissements, Annabelle. C'est un peu le principe.

– Tu ne veux pas faire un effort deux minutes pour comprendre ce que je te dis ? Ma vie n'est pas ma vie. Elle est devenue totalement hors de contrôle… Or tu sais combien j'aime avoir la situation bien en main, dis-je pour détendre l'atmosphère.

Car je n'aime pas du tout le tour qu'a pris cette conversation. Je voudrais rembobiner les dix dernières minutes.

Mais cela lui donne matière à réflexion :

– On dirait presque qu'une partie de toi apprécie la situation. D'avoir quelqu'un pour t'ouvrir la voie. Quelqu'un pour mettre au point ton destin. Comme ça, chaque fois que tu t'échappes d'une fête ou que tu as des sentiments pour deux mecs en même temps, tu as une excuse en béton. Techniquement, tu ne fais rien de mal. Ce n'est pas vraiment toi ; c'est Lisa Keaton la responsable.

Mon sang ne fait qu'un tour. Le voilà, le vrai visage d'Elliot.

Je le corrige :

– Lucy Keating. Et je viens de passer la semaine la plus difficile de ma vie, à démêler ce sac de nœuds. Il n'y a rien de plaisant là-dedans. C'est horrible.

– Écoute, je comprends… Je veux dire, ton père dort dans le jardin. C'est moche que tes parents vendent La Maison, mais ce sont des choses qui arrivent, dans la vie. Ma mère est partie pour toujours, Annabelle. Elle ne reviendra pas.

Je fronce les sourcils, et baisse les yeux sur mes mains.

J'écoute un moment les vagues heurter la grève, puis je déclare doucement :

– Je crois que c'était une erreur.

Elliot reste silencieux un moment, puis il secoue la tête.

Il éclate d'un petit rire froid :

– C'était juste un truc qui nous démangeait, j'imagine.

Je crois que je vais vomir, juste là, sur le sable douteux de Venice. Un truc qui nous démangeait ? On se connaît depuis toujours. On s'est vus presque tous les jours ces seize dernières années. Et pour lui, c'était une démangeaison ?

– Eh bien, on sait à quoi s'en tenir, dis-je en grinçant des dents. Tu devrais y aller, je crois.

Mais il n'en fait rien. Il est 3 heures du matin et la Promenade est déjà assez louche comme ça en plein jour. Histoire de remuer le couteau dans cette plaie embarrassante, il insiste pour me raccompagner jusque chez moi. Ce qui implique un quart d'heure de vélo dans le silence le plus complet, sans qu'aucun de nous n'ait un regard pour l'autre.

Alors que nous arrivons chez moi, je me demande comme nous allons nous dire au revoir. Je songe à tout ce que je voudrais dire. Je suis navrée d'avoir pu paraître égoïste. J'aurais dû m'expliquer plus tôt. Peut-être qu'au moment où il a mis Will sur le tapis, j'aurais dû lui dire sans ciller une phrase du style « Il ne t'arrive pas à la cheville » – et j'aurais été sincère. Devrais-je essayer quelque chose comme : « Est-ce qu'on peut effacer tout ça ? » Et revenir en arrière, juste avant que tout ait déraillé complètement ?

Je pose le pied à terre et me tourne vers Elliot mais, sans me considérer une seconde, il continue de pédaler et me dépasse pour rentrer chez lui.

15

Désolée !

Il est 10 heures du matin, et je suis censée travailler sur mon devoir d'histoire. C'est ce qu'indique mon calendrier – en bleu. Mais aujourd'hui, cette pensée m'est insupportable, alors je reste au chaud sous ma couette pour échanger des textos avec Ava et m'élever contre la journée qui s'annonce.

Ava : Navid : fait. Bécotage à tous les étages.

AB : Joli travail.

Ava : Où t'étais ? Will avait l'air triste.

AB : Zut, c'est ce que je craignais.

Ava : Enfin, c'est Will, donc il a fait bonne figure, mais je ne me fais pas d'illusions. Tu es partie avec Elliot, alors ?

Mon pouce hésite au-dessus du clavier.

Ava : Tu as EMBRASSÉ ELLIOT ?

AB : Ben…

Ava : Oh la vache.

AB : Mais ça ne s'est pas
passé comme prévu.

Ava : Comment ça ? C'était pas bien ?

AB : Si, au début c'était super.
Genre, vraiment génial.
Et après... c'est parti en sucette.
On s'est disputés.

Ava : À quel propos ?

AB : Keating. Il ne m'a pas crue.

Ava : Faut le comprendre...

AB : Je sais, je sais. Mais en gros,
il m'a accusée d'AIMER avoir
quelqu'un qui écrit ma vie.

Ava : D'accord, mais personne n'est parfait.
C'est tellement dingue, cette histoire, non ?

Je laisse le téléphone reposer sur ma poitrine et médite les paroles d'Ava. Dehors, les palmiers me toisent d'un air sévère. Peut-être me suis-je trompée de priorités, à me demander si j'étais réelle, si Will était réel. Alors qu'en vérité, que nous soyons tous des personnages ou pas, tout a un goût de réalité. C'est peut-être tout ce qui compte. Je reprends mon téléphone.

AB : D'accord, c'est juste.
Mais il l'a jouée tellement CONNARD !

Ava : Bah, évidemment. C'est Elliot, quoi.
Et je parie que tu n'as pas été tendre non plus.

Alors que je réfléchis, elle ajoute :

Ava : Alors maintenant, tu fais quoi ?

Je regarde fixement son message. Maintenant ? Comme une réponse, le rire d'Elliot me parvient depuis la cuisine, et mon cœur fait une embardée.

Je plante Ava et enfile rapidement un joli sweat-shirt par-dessus un jean, puis je file me débarbouiller pour mettre un soupçon de mascara, avant de descendre l'escalier le plus majestueusement possible, comme si je m'étais réveillée dans cet état. Mon frère est là, occupé à garnir trois assiettes de pancakes. Je songe : *C'est gentil de sa part…*

Mais en me voyant, Sam dit :

– Oh, AB, tu es là. Je pensais que tu étais déjà partie à la bibli, comme d'habitude.

Mais dans ce cas, la troisième assiette, pour qui… ?

Je sais ce que je suis censée faire. Je suis censée regarder Elliot dans les yeux. Je sais où il est, je vois du coin de l'œil sa silhouette perchée sur le plan de travail, ses jambes qui se balancent. Pourquoi est-il si douloureux de diriger mon regard dans sa direction ?

Parfois, le corps réagit de manière incontrôlée, résonne la voix d'Ava à mon oreille. Je tente de lui prouver le contraire et lève la tête vers Elliot, juste à temps pour l'apercevoir en train de détourner les yeux. Le regard rivé au sol, il a l'air particulièrement rogue.

– Salut, Annabelle, lâche-t-il froidement.

Mon estomac se noue.

Je réponds d'un ton neutre :

– Bonjour, Elliot.

Mon frère relève le nez des pancakes et nous dévisage tour à tour.

– Chelou, dit-il.

– Quoi ? laissons-nous échapper de concert.

– Ben, tu n'appelles jamais Annabelle par son prénom, réplique Sam.

– Alors, c'est pour qui cette troisième assiette ? Qui me vole mes pancakes ? demandé-je.

Elliot toussote, gêné.

– N'importe quoi, je l'appelle comme ça des fois…

Il finit par me lancer un regard, et mon cœur se recroqueville dans ma poitrine.

– Pour qui est cette assiette ? dis-je à nouveau.

J'entends alors la porte des toilettes s'ouvrir, et une voix familière fredonner doucement. J'ai l'impression qu'on me verse un seau de glace pilée dans les oreilles.

– Rhâ ! j'ai cette chanson dans la tête depuis des plombes, gémit la voix en se rapprochant de la cuisine. Vous savez, celle du groupe qu'on a vu l'autre jour ? ajoute-t-elle en nous rejoignant.

D'un mouvement de la tête, elle renvoie ses longs cheveux soyeux derrière son épaule.

Elliot ne dit rien, tête basse.

– Allez, les mecs, vous savez bien, poursuit-elle. Ça fait : *oh, meuf, nanani-nanana, je ne peux pas t'oublier…* Tiens, salut Annabelle !

– Salut, Clara, dis-je avec l'impression d'étouffer.

Il y a un détail important que j'ai réussi à mettre de côté au sujet de Clara, parce que je n'aime pas penser à elle trop longtemps ; c'est qu'elle est toujours incroyablement vague. Comme si elle était trop je-m'en-foutiste pour s'intéresser aux mots. Comme si elle était incapable d'écouter assez attentivement pour retenir le nom d'une rue ou d'un groupe ou, je ne sais pas… de la sœur d'un des potes avec qui elle fait de la musique. Sans rire, elle a eu besoin de me croiser pas loin de dix fois avant de se rappeler mon prénom, et encore, seulement parce qu'Elliot a fini par s'emporter face à sa mémoire de poisson rouge.

Avec Clara, c'est toujours Le Bidule avec le Machin, Tu Sais, Le Truc de l'Autre Jour, Tu Sais, Tu Sais, Tu Sais ?

Dans *Éléments de Style*, partie II, article 16, on peut lire :

> *S'il y a un point sur lequel tous ceux qui ont étudié l'art de manier la langue s'accordent bien, c'est celui-ci : le moyen le plus sûr d'éveiller et de maintenir l'attention du lecteur est d'être précis, factuel et circonstancié. Les plus grands écrivains – Homère, Dante, Shakespeare – sont particulièrement efficaces parce qu'ils s'attachent aux détails et relatent ceux qui ont de l'importance.*

À écouter Clara babiller en faisant cuire moi-même mes fichus pancakes, j'envisage sérieusement de lui prêter ce livre. Ou, peut-être, de la kidnapper et de lui agrafer les paupières pour la forcer à le lire. Quoique j'aie un léger doute quant à ses compétences en compréhension écrite.

– Ça me rappelle l'autre jour, tu sais, quand on a vu ce groupe, là, la fois où on était vers la plage…

Assise tout contre Elliot, elle lui passe la main dans les cheveux. Il est clairement tendu, mais j'ignore pourquoi précisément. Est-ce à cause d'elle ? Ou bien parce que je les regarde ?

– Mais qu'est-ce que tu racontes, Clarinette ? demande mon frère.

Il n'est pas agacé, mais pas extrêmement chaleureux non plus.

– Quand je suis montée dans la voiture d'Elliot aujourd'hui, cette chanson passait en boucle. Et ça m'a juste rappelé la fois où on était allés à ce concert.

– C'était les Kinks, sur la jetée l'été dernier, précise Elliot, catégorique. Et tout à l'heure en voiture, c'était *She's the One*, de Paper Girl. Où tu veux en venir, au juste ?

Je manque échapper ma spatule en réalisant qu'il s'agit de la chanson que Paper Girl jouait, la première fois que j'ai senti quelque chose entre Elliot et moi. C'était juste avant qu'il se fasse assommer par cette baguette… Et il écoutait cette chanson en boucle ce matin ? Ça veut dire quelque chose, ça, non ? Je prends une grande inspiration.

– Tu es fâché, constate Clara en faisant la moue. Je sais que tu m'en veux, chou. Mais je t'ai déjà expliqué : dès que j'ai commencé à remplacer la fille de He / She, j'ai su que ça n'allait pas. Qu'il fallait que je revienne avec vous. Il fallait que je vous retrouve et que j'arrange tout.

Je relève la tête de la poêle juste à temps pour la voir tenter une nouvelle caresse dans les cheveux d'Elliot, qui cette fois l'esquive franchement.

– Eh bien, peut-être qu'on n'a plus besoin de toi, Clara, répond Elliot.

– Ben, si, en fait, intervient Sam. Pendant que tu traînais je ne sais où hier soir, Trey Olsen est venu me parler à la soirée de Carter. La première partie de Jacuzzi Kill s'est désistée pour la semaine prochaine et il nous a demandé de les remplacer.

– Sans déconner ! s'écrie Elliot, qui lui tape dans la main.

– C'est génial ! couine Clara.

– Ce sera sans toi, la prévient Elliot.

– Alors qui va chanter, gros malin ? demande Sam.

Elliot pousse un gros soupir.

– Je sais que tu es fâché pour le moment, chou, répète Clara en posant une main sur son dos (et cette fois, il la laisse faire). Mais je suis là. Et, tôt ou tard, il faudra bien que tu l'acceptes.

Là, c'est plus que je ne peux en supporter. Je sors dans le jardin en abandonnant mes pancakes à leur triste sort, et j'enfouis mon visage dans mes mains en lissant mes sourcils pour me calmer – une technique que nous a enseignée le prof d'EPS. Tout va de travers. Ce n'est pas comme ça que les choses devaient se passer. Pourquoi Lucy Keating fait-elle cela ?

– Ça ne suffit pas ? dis-je à voix haute. Vous avez votre drame et votre intrigue ! Vous avez même casé la séquence bain de minuit sexy ! Vous ne pouvez pas vous arrêter là ?

J'entends le moteur d'un petit avion passer au-dessus de ma tête, et je lève les yeux. En grosses lettres rondes au milieu du ciel, je lis :

Désolée !

16

Ce serait ce genre de livre ?

Je n'avais jamais été tellement sujette à l'anxiété jusqu'à présent. Du moins, pas jusqu'à ce que tout ce fiasco littéraire survienne. Quand les problèmes se présentent, je me contente habituellement de les traiter. Je suis toujours sidérée de voir des camarades de classe en larmes à la bibliothèque, sous prétexte qu'ils ont un devoir à rendre et qu'ils sont loin d'avoir fini. Comment en sont-ils arrivés là ? Ils connaissaient leur date de remise, pourtant. Pourquoi n'ont-ils pas tout simplement pris le temps de s'en occuper ?

Je dois cependant admettre que toute cette histoire avec Lucy Keating m'a largement ébranlée, parce qu'on ne peut pas se préparer à ce qu'on n'a pas vu venir. Epstein nous a tout appris sur la structure et les arcs narratifs, les hauts et les bas que doivent traverser les protagonistes pour atteindre la résolution de leur conflit.

– Les romanciers ne procèdent pas tous de cette manière, mais Lucy écrit ses livres avec des ruptures de rythme distinctes, nous a-t-elle expliqué l'autre jour. C'était aussi le cas pour Shakespeare. À la fin du premier acte, les personnages découvrent leur infortune – à savoir, Roméo et Juliette apprennent que leurs familles sont ennemies. Le revers suivant se situe au moment de l'intrigue où ils pensent que tout va s'arranger pour le mieux, mais où un événement terrible se produit, avec la mort de Mercutio. À la fin de l'acte deux, nouvel espoir : Roméo et Juliette échafaudent un plan pour s'échapper ensemble, et nous sommes persuadés que ça va marcher. Youpi ! s'était exclamée Epstein en brandissant le poing en l'air (*gling-gling*, avaient ponctué les bracelets). Enfin, dans l'acte trois, le dernier rebondissement est le plus dramatique, puisqu'il s'agit de la mort des deux personnages. Est-ce que vous comprenez ?

L'autre jour, en classe, je comprenais très bien. Et c'était très intéressant à ce moment-là. À présent, de retour dans ma chambre après l'incident Clara dans ma cuisine, ces histoires de structure narrative me sortent par les trous de nez. Comment suis-je censée vivre alors que je ne sais même pas où j'en suis dans l'histoire dont je suis l'héroïne ? Lorsque Elliot et moi nous sommes embrassés, le moment m'a paru idéal pour conclure *Tout est bien qui finit bien*. Mais si nous n'avions même pas atteint le nœud de l'intrigue ? Combien de hauts et de bas vais-je encore devoir me farcir ? Et suis-je censée donner sa chance à Will, en sachant pertinemment que quelqu'un complote pour nous rapprocher ?

C'est alors que m'apparaît la solution. Je sais ce que je dois faire : rien. Littéralement. Je décide de ne pas quitter ma chambre avant d'avoir retrouvé le contrôle de la situation. Après tout, si je ne sors pas d'ici, je ne risque pas de faire grand-chose d'intéressant. Et qui aurait envie de lire l'histoire de quelqu'un qui ne fait rien ?

– Alors tu as la situation en main ? demande Ava en passant chercher mon téléphone.

Si je n'ai pas de téléphone, je ne peux pas recevoir de message. Ni de Will ni d'Elliot. Et si je ne peux pas recevoir de message, je ne peux pas flirter, ni me disputer, ni même bavarder. Il faudra bien qu'elle finisse par abandonner cette histoire, et alors je verrai ce qu'il en est réellement, n'est-ce pas ?

– Absolument, dis-je, confiante.

– Et donc, pour toi, ça veut dire se planquer dans sa chambre jusqu'à lundi ?

– Faut ce qu'il faut, dis-je en haussant les épaules.

Ava me gratifie d'un petit salut militaire.

– Alors, bonne chance, conclut-elle avant de sauter sur son vélo pour rejoindre Navid à la plage.

Mon plan ne se déroule toutefois pas exactement comme prévu. D'une part, ça ne fait que huit heures, et je suis déjà en train de perdre la boule. J'ai terminé tous mes devoirs pour la semaine prochaine et j'ai réorganisé deux fois toute ma chambre. Je suis à présent pelotonnée sur mon lit et je m'adonne à mon vice secret, celui qui me détend toujours quand il pleut trop pour que j'aille courir, ou quand j'ai de la fièvre : regarder cette émission de télé-réalité où quinze cuisiniers amateurs du Royaume-Uni s'enferment dans un vieux manoir anglais pour concourir au titre de meilleur pâtissier de l'année.

J'ignore si c'est la rondeur suave des petits choux, l'application que les candidats mettent à doser leurs ingrédients, ou bien cette jovialité qu'ils cultivent malgré l'environnement compétitif, mais quelque chose dans cette émission me réconcilie avec le monde.

Quelques heures plus tard, alors que je viens de

m'enquiller quatre épisodes à la suite, on frappe à ma porte.

Je bondis hors de mon lit comme si j'étais dans un mauvais film d'espionnage.

– Qui est-ce ?

– Ton frère, dit Sam. Laisse-moi entrer.

– Non !

– Pourquoi pas ?

– Tu es seul ?

– Hein ?... Évidemment ! répond-il, exaspéré. Avec qui veux-tu que je sois ?

Avec Elliot, naturellement, me dis-je en mon for intérieur.

– Bon, j'ai mieux à faire que de rester devant ta porte toute la journée. Maman a dit que si tu ne descendais pas pour le dîner, ce serait la fin du monde.

– Ce serait ce genre de livre ?... murmuré-je.

Cette idée ne m'avait même pas traversé l'esprit. Lucy écrit des histoires à l'eau de rose. Des histoires d'amour qui se déroulent à Manhattan, ou bien au bord de la mer, ou en Europe, pendant les vacances. Et si Lucy avait décidé d'explorer de nouveaux territoires littéraires, en plus de lever le pied sur la tragédie ? Quelle serait l'étape d'après ? Des zombies ?

J'ouvre brusquement la porte.

Sam me contemple, l'air perplexe.

– Parfois, je me demande si l'un de nous n'a pas été adopté, observe-t-il. Et quand je dis « l'un de nous », je pense à toi, hein. Allez, viens dîner. On mange des tacos au poisson, tes préférés. Et papa a même fait le guacamole.

Il commence à descendre l'escalier, puis s'arrête.

– Est-ce que tu étais avec Elliot, hier soir ?

Je déglutis.

– D'où tu tiens ça ?

– Quelqu'un vous a vus sur vos vélos.

– Ah oui, on est rentrés ensemble de la fête d'un copain, dis-je, comme si les détails logistiques allaient masquer le reste.

Notre virée à la plage par exemple, et, oh, les pelles qu'on s'est roulées des heures durant, et puis notre engueulade monstre avant le retour de Clara.

Sam a l'air dubitatif.

– C'est pas son genre, d'aller aux fêtes de Cedar Spring, surtout ces jours-ci, observe-t-il sans me quitter des yeux.

– Mmmh. Il a dû se dire que ça valait le coup d'y passer au moins une fois avant qu'on quitte le lycée, un truc dans le genre. J'imagine.

Les mots jaillissent trop vite, et je maudis mon empressement.

– Fais attention, AB. Elliot et toi vous êtes vraiment… différents. Regarde-toi.

Parfois, je n'envisage mon frère que comme une espèce d'ours vivant sous mon toit, qui ne baisse jamais la lunette des toilettes et fait trop de bruit en mâchant ses céréales. Mais à la vérité, il voit en moi plus clair que je ne crois.

Je décide de jouer les imbéciles :

– Attention à quoi ?

– Ne joue pas les imbéciles, dit Sam.

Je ne joue plus à rien. Je suis une imbécile.

– Bon, je n'ai pas plus envie que toi d'avoir cette conversation, reprend-il, alors écoute bien. Elliot est mon meilleur ami, mais avec les filles il est catastrophique. Fais attention, c'est tout.

Je me débats :

– Je n'ai même pas…

Mais Sam est déjà au bas de l'escalier.

Mes épaules s'affaissent, et je retourne dans ma chambre en soupirant. Sam n'est pas au courant de tout. Que dirait-il s'il savait vraiment ce qui se passe ?

Je m'étends sur mon lit. Si je ne suis pas en train de rêver, à quoi dois-je m'attendre à présent ? À ce que le présentateur de l'émission de pâtisserie sorte la main de l'écran pour m'offrir une tartelette aux fraises ? Ça ne me ressemble pas. Je suis avant tout un être humain parfaitement rationnel. Je m'ébroue et décide de me donner un coup de peigne devant le miroir. Remarquant mes joues un peu trop rouges, je juge qu'il est temps d'aérer la pièce.

À peine ai-je ouvert la fenêtre qu'un événement étrange se produit. Un avion en papier entre en planant doucement et part se poser droit sur mon bureau. Je m'en approche avec précaution, comme d'un engin explosif ou d'un animal potentiellement dangereux.

Mais à l'instant où je déplie l'élégant papier blanc, mon sang se glace. Rédigée dans une police de machine à écrire, la phrase me nargue au milieu de la feuille :

À cet instant précis, Will toqua à la porte d'Annabelle, lui apportant exactement ce dont elle avait besoin.

– Non mais je rêve, c'est une blague !

Un instant plus tard, je l'entends. Une série de coups légers frappés à ma porte. *Toc toc toc.* Et la voix de Will à sa suite :

– Annabelle ?

Je soupire et envisage de faire la morte.

– Je sais que tu es là, reprend Will. Ton frère m'a prévenu.

Je lève les yeux au ciel et ouvre la porte. Pas de Will. Seulement une de ses mains, qui tient un cornet de glace géant où niche une énorme boule de crème glacée au chocolat et au biscuit. Will s'avance :

– Tu es vivante ! s'exclame-t-il joyeusement.

– Je suis vivante, dis-je en tâchant de cacher mon épuisement.

– Tu ne répondais pas à mes textos, remarque-t-il sans se démonter face à la tiédeur de mon accueil.

– Je n'ai pas mon téléphone.

Grand bien m'en a pris.

Will me lance un regard interloqué. Il devrait me détester, là. J'ai disparu de sa soirée en compagnie d'un autre mec, et je n'ai même pas pris la peine de m'expliquer.

Au lieu de quoi, il me taquine :

– Ne fais pas la difficile, Annabelle. Laisse-moi te nourrir. Tu sais aussi bien que moi que la glace arrange tout.

Je prends le cornet avec réticence et laisse entrer Will dans ma chambre. Depuis le temps, j'ai pris l'habitude de voir Elliot affalé sur mon canapé, les bras croisés derrière la tête. Mais Will n'a pas l'air à l'aise, ne sachant où poser son regard ni ses fesses.

– Voilà donc le repaire top secret de la fameuse Annabelle Burns, dit-il en enfonçant ses mains dans ses poches…

– C'est ici que la magie opère, répliqué-je.

– Belle bibliothèque, observe-t-il en parcourant les

titres du regard. Comment tu l'as rangée ? Par ordre alphabétique ?

– Euh, en ce moment, c'est par genre.

Will hoche la tête, en connaisseur.

– La mienne ces temps-ci, je l'ai classée par le prénom de l'auteur.

Cette déclaration devrait m'impressionner, me faire tomber sous le charme. Et une semaine plus tôt, c'est ce qui se serait passé, comme dans sa voiture, avec la pochette de rangement à compartiments. Mais aujourd'hui, je sais que c'est une mascarade. Rien de tout ça n'a de sens.

Will sent peut-être la tension, mais choisit de persister contre vents et marée :

– Et puis, bien sûr, j'ai toute une section à part pour mes comics.

– Ah bon, tu lis des comics ? dis-je, stupéfaite.

– Seulement depuis j'ai appris à les tenir dans le bon sens. Pourquoi ?

Il semble surpris à son tour.

– C'est juste que je n'aurais pas parié là-dessus.

– Si c'est ce que tu penses, alors ça veut dire que tu n'as pas lu beaucoup de comics, déclare Will. Ce ne sont pas que des histoires de superhéros qui combattent les méchants. Enfin… Il y en a pas mal. Je pourrais peut-être te montrer ma collection, un de ces jours.

– J'aimerais bien, dis-je avec sincérité.

– Alors, qu'est-ce qui t'est arrivé hier soir ?

Will me prend au dépourvu en changeant de sujet. Il plonge son regard dans le mien avec une telle franchise que j'envisage de lui dire la vérité sur ce qui s'est passé avec Elliot ; mais à quoi bon ? Ce n'est pas comme si j'allais sortir avec Elliot, de toute façon. Ce n'est pas comme si j'avais le pouvoir de changer quoi que ce soit tant que Lucy tient les rênes.

– Je ne me sentais pas très bien, alors Elliot m'a raccompagnée à la maison. Pardon de t'avoir emprunté ton vélo. Je te le rapporte quand tu veux.

– Le vélo, je m'en fiche, Annabelle. C'est à toi que je tiens.

C'est romantique, diablement romantique. Mais est-ce bien sérieux ? Je prends une inspiration.

– Will… Qu'est-ce que tu fais là ?

– Comment ça ?... Je ne comprends pas.

– C'est vrai ; je ne t'ai pas dit. J'ai quitté ta fête sans te dire au revoir. C'était franchement malpoli de ma part. Et pourtant, te voilà, avec un cornet de crème glacée pour moi…

Je le pousse à réfléchir à la situation. À se demander, au moins quelques secondes, si c'est vraiment ce dont il a envie. Il hausse les épaules.

– Tu n'y as pas touché, d'ailleurs, dit-il en désignant le cornet.

Lentement, juste pour la galerie, je prends une grosse bouchée de glace.

Will me regarde faire, et attend que je déglutisse.

– Et donc ?... demande-t-il.

Je lui souris et sens un éclat de rire monter en moi.

– Je le savais, conclut-il.

– Tu es bizarre.

– Je sais, dit-il avant de me prendre de court en ajoutant : Alors, il n'y a rien entre Elliot et toi ? Je te demande ça pour un ami.

Il me décoche un sourire charmeur, et m'apparaît soudain comme une espèce d'agent de la CIA dont la tactique d'interrogatoire consisterait à distribuer des cornets de glace. Mais cette fois, je n'ai pas à mentir. Je repense à la main de Clara sur l'épaule d'Elliot au petit déjeuner, et je donne quelques coups de langue appliqués à ma glace.

– Non, il n'y a rien entre nous, dis-je finalement.

17

Tu me trouves mignon ?

Will Hale allait passer me chercher pour un autre rendez-vous galant, et en y mettant les formes s'il vous plaît. Il ne s'agissait pas de traînailler ensemble. Ce n'était pas le coup du « Tu fais quoi, là ? » ou du « Il paraît que tu as besoin qu'on te reconduise chez toi ? », ni même le fameux : « Hé, ça te dit qu'on se tire de cette soirée tous les deux et qu'on aille se galocher sur la plage ? » Il avait tout prévu, de A à Z. Et cette fois, Elliot ne serait pas dans les parages pour tout gâcher.

– Je me suis rendu compte que je m'étais trompé sur toute la ligne, m'avait-il expliqué au téléphone le dimanche soir, après qu'Ava m'avait rendu mon téléphone. J'ai dépensé trop d'énergie à essayer de te connaître. Je pense que je ferais mieux de partager quelque chose à propos de moi, en fait. Mais comme je viens juste d'emménager, je n'ai pas encore grand-chose à te montrer.

Il avait donc décidé que le plus simple serait d'établir une liste de cinq choses fabuleuses que je n'avais jamais faites à Los Angeles, même si j'y avais vécu toute ma vie.

– A priori, pour moi aussi ce sera une première, comme ça on sera tous les deux mal à l'aise dans nos baskets. Ce sera une expérience unique !

Il m'avait carrément envoyé par e-mail un questionnaire en ligne, intitulé *L'expérience unique d'Annabelle & de Will.* Le travail était mâché, je n'avais plus qu'à cocher les cases.

Et c'est ainsi que je me suis retrouvée à quarante mètres au-dessus de la jetée de Santa Monica, et Dieu sait combien de mètres au-dessus de l'océan, sur la Pacific Wheel.

– C'est la seule grande roue au monde qui fonctionne à l'énergie solaire, m'informe Will tandis que j'admire la côte Pacifique.

Une agréable brise tiède nous caresse la peau. Je ferme les yeux et chauffe mon visage au soleil.

– Intéressant, dis-je.

– Est-ce que je t'impressionne avec toute ma culture ? me demande Will, espiègle.

– Vachement. Qu'est-ce que tu peux me raconter, encore ?

– Voyons, par où commencer ?...

Il rit, et son rire entraîne le mien.

– Cela dit, sérieusement, je suis imbattable au Trivial Pursuit. Demande-moi n'importe quoi. Je connais les capitales de tous les États.

– Oh, vraiment ? dis-je en ouvrant les yeux, subitement intéressée. D'accord. L'Illinois ?

– *Ouuuh,* pas facile. Mais je vois clair dans ton petit jeu. Tu penses que je vais répondre Chicago, n'est-ce pas ? Bien tenté. Mais c'est Springfield. Je ne suis pas né de la dernière pluie.

– Impressionnant, dis-je en croisant les bras.

Sous nos pieds, la jetée fourmille de monde. Pour être honnête, cet endroit ne me rassure pas vraiment. De loin, c'est un point de repère original, toujours en effervescence. Mais lorsqu'on se rapproche, ça grouille de touristes en sueur et d'une gamme de personnages allant du sympathique hurluberlu à l'original un brin flippant, comme ce type tatoué de pied en cap, dont on ne distingue même plus la peau.

Je questionne Will :

– Comment es-tu devenu aussi doué pour retenir ce genre d'informations ?

– J'ai le chic pour ça. Je crois que j'ai une mémoire photographique. Et puis (il grimace), je n'étais pas très cool, gamin.

Il mime des guillemets pour encadrer le mot cool, et je me retiens de lui avouer que ce geste n'a rien de cool, justement. Néanmoins, cette révélation me surprend.

– Sérieusement ?... Pardon, mais c'est assez difficile à croire.

Non seulement Will est beau comme un acteur hollywoodien, mais en plus il s'entend avec la Terre entière. C'est impossible de l'imaginer en marginal.

Il hausse les épaules.

– J'ai eu une puberté ingrate. Je suis longtemps resté tout maigrichon, tout dégingandé, et puis j'avais trop de cheveux, des pantalons feu de plancher... Et, pour couronner le tout, j'étais une espèce de M. Je-Sais-Tout qui corrigeait tout le monde à longueur de temps. Je n'avais pas beaucoup d'amis... D'où mon énorme collection de comics. Il me jette un regard vaguement inquiet. Je n'aurais peut-être pas dû te raconter tout ça ?

– Ça explique beaucoup de choses, au contraire.

– Vraiment ? dit-il avant d'éclater de rire. Je suis donc bien ce genre de connard, c'est ça ?

– Mais non, mais non ! Je veux dire, c'est logique que tu n'aies pas été super cool, dis-je en posant la main sur son bras, qu'il regarde alors comme si je venais de le changer en or.

– Ça ne s'est pas vraiment arrangé, en fait, dit Will avec une petite moue.

Je glousse malgré moi et tente de m'expliquer malgré l'hilarité :

– C'est juste que tu es… comment dire ? Tu es *toi*. Tu vois ?

– Non.

Le coin de sa bouche se relève malicieusement. Je gémis :

– Ne m'oblige pas à le dire !

– Éclaire ma lanterne, je t'en prie.

Will croise les doigts derrière sa tête. Je lève les yeux au ciel.

– Tu es mignon et charmant. Et tout le monde t'aime. Mais tu n'es pas un connard. Tu as mérité d'être ce que tu es aujourd'hui. Tout ce que je dis, c'est que ça tient debout.

Will ne répond pas tout de suite. Il me dévisage, l'air joyeux.

– *Quoi ?* dis-je enfin.

– Tu me trouves mignon ? demande-t-il alors que le vent fait osciller notre nacelle.

*

* *

Après le tour de grande roue, nous déjeunons au restaurant le plus en vue de Beverly Hills. Le luxe délirant de l'endroit nous amuse énormément, depuis la multiplication des fourchettes et des couteaux de chaque côté de notre assiette jusqu'au caniche de la table voisine que l'on a installé sur un vrai siège au même titre que les autres convives. Armés d'un plan des maisons de stars, nous nous promenons ensuite sur Sunset Boulevard pour admirer quelques demeures des plus insensées, et nous parvenons même à entrer dans l'une de ces propriétés avant qu'un jardinier ne nous en chasse en brandissant une paire de cisailles géantes. Puis nous partons assister à l'enregistrement d'une émission à Beachwood Canyon, et finissons la journée en regardant *ET* en plein air, au Hollywood Bowl, tandis que l'orchestre philharmonique de Los Angeles joue la bande originale. Les étoiles scintillent au-dessus de nous ; c'est une soirée parfaite. Et Will avait pensé à chaque détail de cette journée pour moi.

– Hé, lui dis-je alors que nous quittons l'amphithéâtre pour retourner à sa voiture.

– Hé, quoi ?

– Merci pour cette super journée. C'était assez incroyable.

Pour toute réponse, Will se contente de sourire, et me prend la main avec précaution.

– Je t'en prie, murmure-t-il.

Il garde ma main dans la sienne pendant tout le chemin. Et je ne cherche pas à la lui retirer.

*

* *

Lorsque Will me dépose chez moi ce soir-là, je trouve le salon ravagé par ce qui m'apparaît être une explosion de nos toilettes du rez-de-chaussée. Des morceaux d'étagères et des carreaux de céramique gisent un peu partout, et le WC trône désormais non loin de la table basse.

Ma mère arrive de la cuisine, tenant Napoléon comme une arme.

– Pourquoi les toilettes sont à côté du canapé ? demandé-je.

Maman tente de poser Napoléon à terre, mais il se met aussitôt à grogner, alors elle le ramasse en levant les yeux au ciel.

– Il fallait les changer.

– Vraiment ? Tout fonctionnait très bien.

– Ne commence pas, Annabelle. Il fallait les changer pour les acheteurs potentiels.

– Que *moi* je ne commence pas ? m'exclamé-je. Excuse-moi, de quoi est-ce que je suis coupable, au juste ?

Si je ne m'abuse, dans cette histoire, je serais plutôt la victime.

– AB, j'ai vraiment d'autres chats à fouetter, rétorque ma mère. Je dois avancer dans mes projets tout en essayant de mettre cette maison en état. Et puis il y a la situation avec ton père, dont je ne te parlerai pas parce qu'elle ne te concerne pas. Je ne veux plus avoir cette conversation avec toi. Nous vendons La Maison, un point c'est tout. Tu n'es pas la seule personne à souffrir de la situation, tu sais.

Je suis quelque peu désarçonnée par cette virulence. Puis je songe que je passe un temps fou à réclamer à mes parents de me traiter comme une adulte, et que je ne peux décemment pas m'énerver quand ils accèdent enfin à ma demande.

– Excuse-moi, dis-je. Je sais que je ne suis pas le centre du monde. J'imagine que ça doit être très dur pour toi aussi.

Ma mère soupire et me serre contre elle tandis que Napoléon recommence à grogner entre nous.

– Merci, ma chérie. Si ça ne t'ennuie pas de prendre le tyran, il faut que je sorte les poubelles.

Je m'apprête à monter les escaliers avec Napoléon quand Sam et Elliot débarquent du jardin en chahutant.

– Tiens, salut, me dit Sam.

Il coule un regard gêné vers Elliot, mais n'ajoute rien. Elliot me regarde et lève la main pour me saluer sans un mot.

– Salut, dis-je. J'allais monter. Essayez de ne pas jouer trop fort, d'accord ? J'ai beaucoup de travail à rattraper.

*

*   *

Mais vingt minutes plus tard, aucun travail n'est en cours, puisque j'ai menti et que je n'ai rien à rattraper du tout. Je suis allongée sur mon lit et je fixe le plafond, triste et déroutée. J'étais si heureuse de cette journée avec Will ; et d'un seul geste de la main, Elliot m'a plongée dans un abîme de solitude.

Napoléon apparaît dans l'encadrement de la porte et m'examine attentivement.

Je l'interroge :

– Tu as besoin de quelque chose ?

Je le suis des yeux tandis qu'il traverse le tapis à petits pas comptés, s'arrête au pied de mon lit puis s'élance d'un bond sur la couette.

Ne l'ayant jamais vu faire chose semblable auparavant, je décide d'attendre. Aussi miraculeusement qu'un bébé faisant ses tout premiers pas, Napoléon m'escalade avec précaution et vient se rouler en une petite boule compacte sur mon ventre, avant de pousser un soupir de contentement.

Totalement désemparée, je garde les yeux rivés sur mon ennemi juré. Mon ex-ennemi juré ? J'avais été résolue à le détester du fond du cœur, mais la sensation de son corps reposant sur le mien m'apaise. Une petite voix s'interroge en moi… Napoléon est-il sensible à ma détresse ? Essaie-t-il de me réconforter ? L'idée me paraît hautement improbable, mais elle me donne à réfléchir : peut-être sommes-nous tous capables de changer.

18

Et si je ne sais pas ce que je veux ?

– Tu t'améliores, m'encourage Epstein en posant mon dernier devoir sur mon bureau le lundi suivant. Ce n'est pas encore tout à fait ça, mais tu es sur la bonne voie. Continue.

Je jette un œil à la note inscrite en haut de la copie. *B+*. C'est beaucoup moins bien que les notes que j'obtiens dans les autres matières, mais en création littéraire, mettons que c'est un début. Si seulement je savais comment j'en suis arrivée là. Je me sentais confuse après l'épisode Clara du week-end précédent, et rien ne parvenait à m'éclaircir l'esprit, alors j'avais tenté de coucher la situation sur le papier. Avant d'en avoir pris conscience, j'avais rédigé trois perspectives. Moi, descendant à la cuisine pour me confronter à Elliot après notre dispute ; mon frère, tout à ses pancakes, ne remarquant rien ; et Elliot, assis sur le plan de travail, dans la même pièce que deux filles qu'il avait embrassées.

Non, je n'avais pas voulu que Clara ait voix au chapitre. C'est tout juste si elle est capable d'avoir un point de vue, de toute façon.

Ça m'énerve qu'Elliot m'ait permis d'obtenir ce B. Mis à part ce moment gênant en présence de mon frère, je ne lui ai pas adressé la parole depuis cette fameuse matinée. Il m'a écrit, une fois, pour m'envoyer une chanson de Van Morrison et me dire « faudrait qu'on parle », mais je n'ai pas écouté sa chanson à la noix, et je ne suis pas prête à parler. Je ne vois pas ce qu'il y a à dire.

Par ailleurs, avec le retour de Clara, je suppose qu'ils sont de nouveau ensemble. Ou que c'est pour bientôt. Je n'ai pas besoin qu'il me l'explique. J'ai compris, merci. D'un côté, il y a moi, Annabelle, qui utilise des codes couleur pour les cases de son emploi du temps. De l'autre, il y a Clara, la personne la plus vague du monde. Et au milieu se trouve Elliot, qui déteste qu'on lui colle une étiquette. Devinez quelle fille lui convient le mieux ?

Je lève la main :

– Madame Epstein ? J'ai une question.

Comme la plupart de mes professeurs, Epstein se méfie de moi. Elle m'a eue en cours d'anglais il y a trois ans, et elle sait que mes questions sont parfois tordues, que je ne me satisfais pas de n'importe quelle réponse et que, bien souvent, je relance mon interlocuteur de trois ou quatre interrogations supplémentaires. Même quelqu'un d'aussi passionné qu'Epstein peut me trouver fatigante.

– Oh Annabelle, est-ce bien nécessaire ? soupire-t-elle.

– Je crains que oui, dis-je solennellement.

– Dans ce cas, je t'écoute.

Epstein se carre dans son siège et appuie le menton sur son poing.

– Vous nous avez un peu parlé des structures narratives l'autre jour, avec les péripéties qui marquent des hauts et des bas dans le récit. Mais comment est-ce qu'un écrivain peut les distinguer, en fait ? Quand on invente tout du début à la fin, comment est-ce qu'on arrive à ne pas faire de nœuds indémêlables à l'intrigue ?

– C'est une très bonne question, Annabelle, comme d'habitude, commente Epstein, à ma grande surprise, avant de se diriger vers le tableau.

Margot lève la main :

– Est-ce qu'on aura cette question au devoir ?

– Il n'y a pas de devoir dans ce cours, seulement votre projet final, répond Epstein sans même prendre la peine de se retourner.

– Alors pourquoi est-ce qu'on prend des notes ? s'entête Margot.

Cette fois, Epstein fait volte-face.

– Pour apprendre quelque chose, réplique-t-elle froidement. Où en étais-je ?... Alors, lorsque vous écrivez un roman, ou même juste un récit, vous ne vous contentez pas de choisir arbitrairement votre personnage principal, ni votre époque, ni votre lieu. Vous devez connaître votre objectif. Qu'essayez-vous *réellement* de raconter ? (Elle écrit *personnage* au tableau, et frappe le mot du bout de son marqueur.) Vous devez connaître les motivations de vos personnages, leurs espoirs, leurs rêves. Beaucoup pensent que les meilleurs personnages sont ceux dont les désirs contrastent directement avec leurs besoins. Et cette juxtaposition, avec les obstacles auxquels le personnage devra faire face, les hauts et les bas qu'ils connaîtra en cours de route, voilà ce qui tisse le fil de l'intrigue.

Sous *personnage*, Epstein ajoute *motivations, besoins, désirs*.

– Mais si je ne sais pas ce que je veux ? dis-je, exaspérée, avant de m'apercevoir que j'ai l'air ridicule.

Et que ce n'est pas après Epstein que j'en ai.

Je nuance :

– Je veux dire, tout ça paraît si artificiel. Je pensais que les auteurs écrivaient naturellement, en laissant venir les mots. Je ne m'étais pas rendu compte que c'était si… codifié.

Epstein médite un instant ma réflexion.

– Je comprends ce que tu dis. Mais vois les choses ainsi : c'est pour notre plaisir. Ce dont tu ne t'aperçois peut-être pas, c'est qu'en tant que spectatrice, en tant que lectrice, tu t'attends à ces péripéties. Avec impatience, même. Et dans certains cas, si tu ne les trouvais pas, ton intérêt pourrait s'émousser.

Epstein nous propose ensuite de nous rassembler en petits groupes afin de discuter de nos livres et de nos films favoris, ainsi que des arcs narratifs qui les sous-tendent.

Je fixe mon cahier un moment, tapotant nerveusement mon crayon sur le bureau. Puis je lève les yeux. À l'autre bout de la classe, Will a déjà entamé la discussion dans son groupe, et il gesticule joyeusement tandis que les autres l'écoutent d'un air béat. Je ne suis pas le seul personnage dans cette pièce. Nous sommes tous des personnages. Et peut-être que, pour une fois, ce ne serait pas si terrible d'accepter simplement le *désir* que Lucy Keating a imaginé pour moi.

*

* *

Le lendemain, je fais un saut à mon casier pour prendre mon livre de maths, quand soudain une page d'équations se métamorphose :

Tout à coup, Will fut au côté d'Annabelle. Il lui souffla à l'oreille :

– Je pensais aller à la bibliothèque.

– Je pensais aller à la bibliothèque, murmure une voix tout près de moi.

Will s'est effectivement approché sans que je m'en rende compte.

– Merci de m'avoir prévenue, dis-je avec un petit sourire.

J'évite son regard et tâche d'oublier le récit que j'ai sous les yeux.

– Je me disais que ce serait nettement plus agréable si tu y étais aussi, ajoute-t-il.

Mon sourire s'élargit, mais je continue de détourner le regard.

– J'allais passer au journal, mais je peux sans doute m'arranger.

– Extra... Will se penche un peu plus près de moi. Tu crois, si ce n'est pas trop embêtant, que tu pourrais aussi t'arranger pour me donner la main ?

– Oui, ça doit pouvoir se faire, dis-je alors que nous montons les escaliers qui mènent à la bibliothèque.

Et je joins le geste à la parole.

19

C'était sarcastique

– Est-ce que j'ai bien vu Will Hale te tenir la main ce matin ? demande Lee durant le déjeuner.

Je lève la tête, prise en flag', et toute la table hoquète de surprise.

– Oh ! mon Dieu ! s'écrie Ava. C'est vrai. Elle me l'avait dit en première heure et je ne l'avais pas crue !

– C'est rien, dis-je avec un brin de nervosité, touillant mon yaourt comme si je montais une chantilly.

– Ce n'est pas rien, s'exclame Nisha.

– Il est tellement canon ! renchérit Lee en secouant la tête, comme si Will était trop beau pour être vrai.

– Alors vous sortez ensemble ? demande Ava. Pourquoi tu ne me l'as pas dit ?

– On ne sort pas ensemble. On ne s'est même pas embrassés… C'est juste qu'on passe du temps ensemble.

– Si je *passais du temps avec lui*, je me paierais un espace publicitaire à la télé pour être sûre que tout le monde soit au courant, déclare Nisha en examinant une feuille de salade.

Avant d'avoir pu répondre, je lève les yeux et vois Elliot se diriger droit sur moi à grandes enjambées.

– Oups, marmonne Ava.

– Vous vous rappelez l'époque où Annabelle n'avait

aucune vie amoureuse ? susurre Nisha, la bouche pleine de carottes râpées.

– Mesdames, nous salue Elliot en approchant.

– Elliot, répondent mes amies du bout des lèvres.

– Annabelle.

– Elliot ?

– Tu m'ignores, m'accuse Elliot.

– *Moi*, je t'ignore ? Tu ne m'as même pas adressé la parole à La Maison hier !

– C'est parce que tu n'as jamais répondu à mon texto. Et toi non plus, tu ne m'as pas parlé.

– La vidéo d'un concert de Van Morrison sur YouTube ne compte pas vraiment comme un texto.

Mes amies échangent des regards lourds de sous-entendus.

Elliot soupire :

– Est-ce qu'on peut se parler en privé ?

– Tout ce que tu veux me dire, tu peux le dire devant elles, dis-je, butée.

– Oh, je le sais bien ; c'est juste que je n'en ai aucune envie.

Elliot croise les bras sur sa poitrine, l'air dur, et ne dit plus rien. Moi non plus. Nous nous dévisageons mutuellement pendant une bonne minute jusqu'à ce que je finisse par craquer.

– Oh, bon Dieu, très bien ! dis-je en me levant, le cœur dans les starting-blocks et la nuque parcourue d'un étrange frisson.

Elliot porte un jean noir élimé et un tee-shirt indigo qui lui vont terriblement bien. Je ramasse mes affaires.

– Tu n'as pas fini ton déjeuner, remarque-t-il en désignant mon plateau.

– Je n'ai pas faim.

Elliot a l'air abattu soudain.

– Enfin, Annabelle, on ne peut pas simplement parler ?

Je repose mon plateau en haussant les épaules.

– D'accord. Je t'écoute.

Il hésite un instant.

– Je voudrais t'inviter à mon concert vendredi soir. Par pour me faire pardonner… Je te le demande à l'avance parce que je voudrais vraiment que tu sois là. Je… (Il jette un œil en arrière du côté de mes amies, avant de se pencher plus près de moi.) Sincèrement. D'accord ?

J'expire par le nez en observant son visage, les sourcils froncés, la lèvre qu'il mordille anxieusement. Il fait des efforts.

– Je vais y réfléchir, dis-je enfin.

– Ça me va.

Je hoche la tête puis, moyennement à l'aise, je tourne les talons pour rejoindre mes amies. Un million de pensées bourdonnent dans ma tête. L'idée que je ne devrais pas y aller. Mais l'envie que j'ai de m'y précipiter. Ma main dans celle de Will ce matin, et pourtant, l'effet que me fait Elliot malgré moi, sans que je puisse l'expliquer.

– Je sais que vous m'entendez, dis-je un peu plus tard à l'adresse de Lucy. Je sais que c'est le principe du triangle amoureux, mais c'est quand même pourri.

J'ouvre mon casier et une feuille de papier turquoise en tombe. *Pauvre biche*, a-t-on griffonné au milieu, avant d'ajouter un peu en dessous : *(C'était sarcastique.)* Dans une élégante calligraphie, l'en-tête indique : ENVOYÉ DU BUREAU DE LUCY HARRISON KEATING.

20

Animal Man

Nous sommes en train de terminer une réunion du journal après les cours quand Will toque doucement au chambranle.

– Tu es occupée ? demande-t-il en saluant Hector d'un signe de tête.

Je jette un œil à mon graphiste, avec qui je dois parler maquette.

– Ça ne t'ennuie pas d'attendre une minute ?

– Pas de problème. Je vais me chercher à boire au distributeur. Je crois bien qu'on va finir tard ce soir.

Une fois que nous sommes seuls, Will se passe la main dans les cheveux, l'air agité.

– J'ai une théorie à te soumettre, mais tu risques vraiment de me prendre pour un dingue.

– On parie ? dis-je par-dessus mon épaule en notant un dernier détail sur le tableau blanc.

Plus rien ne me surprend, ces jours-ci.

– D'accord, je vais t'expliquer, mais c'est sûr que tu vas me prendre pour un fou si je te dis qu'on doit aller aux toilettes pour parler.

Lentement, je rebouche mon marqueur avant de le poser sur la table. J'ai comme une intuition quant à ce qu'il va m'annoncer.

*

* *

Quelques instants plus tard, je suis assise sur le lavabo des toilettes pour personnes handicapées, face à Will qui m'agite une bande dessinée sous le nez. Je réalise qu'Hector va sans doute se faire des idées à propos de ce que nous fabriquons là-dedans, mais ça ne m'importe plus vraiment.

– Bon, je ne sais pas trop par où commencer, avoue Will. Le jour de mon arrivée, quand on a rencontré Lucy Keating, je n'arrivais pas à comprendre ce qui te mettait dans tous tes états. Ça ne te ressemblait pas du tout, toi la bonne élève, la *rédactrice* en chef du journal de l'école, de galérer autant dans ce cours. Mais ensuite, quand on a fait connaissance, j'ai compris. Lucy avait décrit ta vie. Tu sais pourquoi j'étais en retard ce jour-là ? Ce n'est pas que j'étais en retard. C'est que j'avais le trac. J'étais derrière la porte depuis le début, et je l'ai écoutée parler. Ensuite, j'ai commencé à lire ses livres en cachette. Et je n'arrêtais pas de penser combien c'était bizarre. Combien c'était familier. Le déménagement au pied levé de ma famille en plein milieu de ma dernière année de lycée. La manière dont… (Il baisse les yeux une seconde.) Ce que j'ai éprouvé en te voyant pour la première fois. C'était comme si j'avais été frappé par la foudre.

Je pique un fard.

– Je me disais que je réfléchissais trop à tout ça, poursuit-il. On peut se convaincre de n'importe quoi quand on est fou de quelqu'un. Mais ensuite, j'ai repris un de mes comics…

Il me le tend. La couverture est ornée d'un type à l'air de superhéros en blouson de cuir, lunettes de soleil des années 1980, et ce qui m'apparaît comme une absence de pantalon.

Je questionne Will :

– Où est son pantalon ?

Will s'interrompt, troublé, et regarde la couverture de nouveau.

– Il porte un collant. Un collant orange. Je comprends la méprise, cela dit… Il contemple un instant le dessin, puis secoue la tête. Mais ce n'est pas le problème !

– Excuse-moi ! dis-je en feuilletant le livre. Continue, s'il te plaît.

– J'ai eu une grosse phase Animal Man, reprend Will. Il a été créé il y a environ un demi-siècle, mais ils ont relancé son personnage ces vingt dernières années. Les auteurs de comics distillent parfois des messages métatextuels un peu bizarres dans leur travail mais, comme je viens de l'apprendre, Animal Man est un exemple parmi les plus célèbres et les plus flagrants. Dans l'histoire, le personnage principal découvre peu à peu qu'il est un personnage de comics. Et il rencontre l'auteur de la série en question.

Il me prend l'album, l'ouvre à une page marquée et me le tend de nouveau. Une sensation de déjà-vu me saisit. Dans la scène, un homme explique à Animal Man qu'il écrit sa vie, et il désigne l'écran d'un ordinateur où tout ce qui se passe autour d'eux est précisément décrit.

– Nom de Dieu, dis-je. Tu parles d'une originalité.

Will me fixe intensément de ses grands yeux en débitant son histoire à toute vitesse. C'est incroyable qu'il ait réussi à comprendre tout seul la situation, là où Elliot ne voulait même pas considérer ce que je lui disais. En faisant de Will un accro aux comics en rémission doué d'une curiosité prodigieuse, Lucy Keating a peut-être engendré un monstre.

Will parle toujours.

– C'est vrai, tu ne crois pas ? J'ai lu ça, et j'ai eu la chair de poule en repensant à ton échange avec Lucy ce jour-là. Et je sais que c'est complètement fou mais, bizarrement, je sens que c'est vrai. Et j'ai l'intuition que tu sais déjà tout ça, ajoute-t-il.

Je prends une grande inspiration puis, lentement, je hoche la tête.

– Alors… dit-il, sans poser vraiment la question.

– En effet, finis-je par répondre.

– Je le savais ! s'exclame-t-il, et je lui fais signe de se taire. (Il agrippe ses cheveux et laisse basculer sa tête en arrière, les yeux au plafond.) C'est dingue, conclut-il.

– Tu n'as pas idée.

– Depuis quand tu le sais ?

Je réfléchis un instant.

– Elle me l'a dit, ce jour-là, sur le parking. Mais je ne l'ai pas vraiment crue, jusqu'à…

Je m'interromps. *Jusqu'à ce que je réalise que j'avais envie de vous embrasser tous les deux, Elliot et toi. Jusqu'à ce qu'Elliot se perde au beau milieu de Santa Monica. Jusqu'à ce que je me rende compte que Lucy Keating essayait de me refourguer son* happy end *de force.*

– Jusqu'au soir de ta fête, dis-je à la place.

Puis je lui raconte tout. Les incohérences : la couleur de ses yeux, la glace qu'il avait commandée, la pluie. Je lui raconte notre soirée tardive avec Ava au café-librairie Rosewood. Je lui raconte tout, sauf ce qui s'est passé avec Elliot. J'évoque seulement le triangle amoureux, l'étrange accident d'Elliot durant le concert, et les difficultés qu'il a rencontrées pour venir à la fête. Will s'agite moins.

– Je ne suis pas enchanté de faire partie d'un triangle amoureux. Mais j'imagine que c'est du Keating pur jus.

– Merci de le prendre comme ça.

– Et puis, de toute façon, je suis prêt à me battre comme un lion pour toi, alors je ne m'inquiète pas trop.

Il me décoche un large sourire, et même si, quelques heures plus tôt, je n'avais plus qu'Elliot en tête, je souris aussi.

*

* *

Mais une heure plus tard, après ma réunion avec Hector, Will n'est toujours pas satisfait. Il m'attend dans le couloir, les cheveux plus en bataille que d'habitude ; sa chemise d'ordinaire si bien repassée est toute froissée.

– J'ai tellement de questions, lâche-t-il en me conduisant chez moi. Je n'arrête pas de gamberger : qu'est-ce qui est réel ? Qu'est-ce qui ne l'est pas ? Dans les décisions que je prends, qu'est-ce qui m'appartient, qu'est-ce qui est vraiment de mon fait ?

– Bienvenue au club. Le mieux, c'est ne pas y penser du tout, dis-je sèchement en cherchant une station de radio.

– Par exemple, je ne suis peut-être même pas…

– Tu n'es peut-être même pas attiré par moi ?

Will se rembrunit.

– Non, je suis certain que tu me plais. Je n'en ai jamais douté une seconde, dit-il. Ce que je me disais, c'est que je ne suis peut-être pas vraiment un mec bien, après tout.

Je manque m'étouffer.

– Arrête ! Je ne connais pas de mec plus *bien* que toi.

– Mais peut-être que c'est une illusion ! s'écrie-t-il en freinant à un feu rouge. Peut-être que c'est uniquement parce qu'elle m'a imaginé comme ça. Qu'est-ce qui se passerait si je ne respectais plus les règles ? Si je m'écartais de moi-même ? Parfois, j'ai l'impression que je ne peux rien faire de mal, littéralement. Mais si je pouvais ? Et si elle me laissait faire ?

– Eh bien, tu pourrais peut-être tenter le coup ? Essayer de désobéir, pour voir ce qui se passe ? Je n'y ai pas vraiment réfléchi, mais je pense qu'il y a un coup à jouer.

– Ouais… approuve Will, le regard perdu dans le vague. Oui, je le crois aussi. Il faut juste qu'on sache comment le jouer.

21

C'était une bonne journée aujourd'hui

Le lendemain, alors que je viens de cartonner à mon interro surprise d'histoire, la crinière lustrée du Dr Piper apparaît dans l'entrebâillement de la porte. Je la vois chuchoter quelque chose à M. Ober, puis me jeter un regard en coin.

Je pointe le doigt vers ma poitrine et articule silencieusement : *Moi ?*

Tous deux acquiescent.

Les talons du Dr Piper résonnent sur le carrelage, et son arrière-train la suit en se promenant de droite à gauche tandis qu'elle me conduit vers la sortie.

– Rien de grave, me rassure-t-elle sans cesser de trottiner. Ton père dit que c'est de sa faute : il croyait avoir réservé vos billets pour *demain*, vendredi, mais il s'est trompé de vingt-quatre heures, et maintenant il faut que vous vous dépêchiez tous d'aller à l'aéroport, si vous ne voulez pas rater les quatre-vingt-dix ans de ta grand-mère.

Je hoche la tête en songeant que la doyenne de mes grands-mères n'a que 82 ans. Mais s'il y a une personne au monde à qui ça ne m'ennuie pas de mentir, c'est bien Piper, et puis je suis curieuse de voir la suite. C'est intéressant qu'elle n'ait pas manifesté le moindre doute. Je parie qu'elle n'aurait jamais laissé Elliot s'en tirer aussi facilement dans cette situation.

– Il y a une voiture qui t'attend dehors pour te conduire à l'aéroport, précise-t-elle.

Effectivement, une fois la porte du lycée franchie, j'aperçois une Cadillac noire garée sur le côté. Je suis de plus en plus déconcertée, car mon père déteste payer ne serait-ce qu'un taxi pour se rendre à l'aéroport. Je ne l'ai vu monter dans l'une de ces voitures avec chauffeur qu'une seule fois, pour se rendre à la projection de sa série télé avec ma mère, mais c'est uniquement parce qu'elle avait insisté.

– Allez, quoi, l'avait-elle taquiné en l'enlaçant, profite un peu de la vie !

Ils s'étaient souri, tous deux resplendissants, lui dans son smoking, elle dans une robe de soirée d'un noir sophistiqué. Ce souvenir me serre le cœur.

– Merci infiniment d'avoir été si compréhensive, Dr Piper, dis-je en lui serrant la main, avant de m'éloigner avec le sentiment d'être un membre du casting de *La Folle Journée de Ferris Bueller*.

Puis, une fois la proviseure hors de vue, j'ouvre avec hésitation la porte du véhicule et scrute l'intérieur. Assise au volant, une silhouette familière se retourne, tout sourire.

Je demande :

– Qu'est-ce que tu fabriques ?

– J'enfreins les règles, répond Will.

Il semble n'avoir jamais été aussi fier de toute sa vie.

*

* *

À l'ouest de Doheny, Sunset Boulevard est l'une de mes promenades en voiture favorites à Los Angeles. La route sinueuse monte, descend, serpente entre les hauts portails et les demeures gigantesques que l'on peut apercevoir de temps à autre. Will et moi avons déjà pris cette route, l'autre jour lors de notre excursion dans le quartier, mais je ne m'en lasse pas. Cette fois, nous roulons jusqu'à l'océan. Will m'explique que la voiture appartient à son père.

– Il se l'est offerte pour sa crise de la quarantaine. Je l'ai prise pour aller au lycée ce matin, et puis j'ai fait semblant d'être malade, et j'ai appelé pour te faire excuser.

– Pourquoi ?

– Parce que je veux donner tort à Lucy Keating ! s'exclame-t-il. Je veux qu'on ait nos propres règles. Ce n'est pas elle qui dirige nos vies, Annabelle. Elle ne peut pas faire ça. Aujourd'hui, c'est *nous* qui décidons.

À ce moment précis, je reçois un texto. C'est Elliot.

Tu viens au concert ?

Les points de suspension s'agitent sous son message. Je suis curieuse de voir ce qu'Elliot va ajouter mais, au bout d'une petite minute, plus rien. Je respire.

– C'est parti, dis-je à Will avant d'éteindre mon téléphone.

*

* *

Will veut s'éloigner autant que possible de notre univers, aussi nous décidons de rouler en direction de

Malibu, vers le nord. Nous nous arrêtons au Malibu Country Mart pour acheter des provisions. C'est l'un de mes endroits préférés pour le déjeuner. Des seaux de chips aux arômes de tout ce qu'on veut, un mur entier de bonbons, et des sandwichs dont la vue seule me fait saliver. Ce n'est qu'en sortant que je remarque les cookies.

Je m'exclame :

– Ils sont plus grands que ma main, tu as vu ?

– Prends-en un, suggère Will.

Je jette un œil à la file d'attente, qui s'étend d'un bout à l'autre du magasin.

– Ça prendra trop de temps. Laisse tomber, dis-je.

– Non, Annabelle. Will prend un air de conspirateur. Prends-en un.

J'écarquille les yeux, avant de protester :

– On veut prouver qu'on a du libre arbitre ! Pas commettre un vol !

– C'est un biscuit, Annabelle ! chuchote Will. Ça leur coûte cinquante cents et ils le vendent six dollars. Tu n'as jamais volé la moindre savonnette, je parie. Vas-y, c'est tout !

Je déglutis, prends une grande inspiration et glisse prestement le cookie géant sous mon pull.

Puis je détale vers la voiture en glapissant, Will sur mes talons. Je ne me souviens pas avoir jamais éprouvé une telle euphorie. Je romps le biscuit en deux, et nous mordons chacun dans sa moitié.

– Mmmh, quel délicieux goût de rébellion, s'amuse Will entre deux bouchées.

J'explose de rire.

Nous continuons de remonter la côte, et les maisons qui s'alignaient au début le long de Pacific Highway s'éloignent progressivement les unes des autres. Nous passons devant des stands de producteurs fermiers, des dunes et des buissons couverts de fleurs roses.

Lorsque nous arrivons sur le parking de la plage vingt minutes plus tard, Will sort sa carte de crédit pour acheter le ticket de stationnement, mais je l'arrête :

– Et si tu ne payais pas ?

– Il faut bien qu'on paye, répond-il en fronçant les sourcils.

– Pourquoi ?

– Parce que c'est écrit sur le panneau. Parce que c'est la loi. Parce que mon père ne sait absolument pas que j'ai pris sa Cadillac de crise de la quarantaine à Malibu.

Je hausse les sourcils.

– Et alors ? On est jeudi, il est 15 heures. Il n'y a personne. Personne ne va vérifier. Et quand bien même, qu'est-ce qui pourrait arriver, au pire ?

Will hoche la tête, d'abord lentement, puis plus fermement.

– Tu as raison, sourit-il. Cool !

Nous marchons jusqu'au sentier ; l'océan Pacifique s'étale devant nous jusqu'à l'horizon. Nous escaladons le raidillon jusqu'au sommet qui surplombe les vagues, puis nous redescendons en zigzag vers une plage pratiquement déserte. Juste avant le tronçon final, Will s'arrête et contemple le paysage.

– C'est vraiment magnifique, non ? dis-je.

– On saute ? propose Will en se tournant vers moi, l'air exalté.

– Quoi ? Euh… Ce n'est pas dangereux ?

Will m'indique un panneau.

– « Sautez à vos risques et périls. »

– C'est bien ce que je dis.

– Si c'était vraiment dangereux, ils nous diraient de ne pas sauter du tout, objecte Will.

Je m'agite un peu, mal à l'aise.

– Je n'ai pas de maillot de bain.

– Parfait, approuve-t-il avec un sourire diabolique.

Je me creuse la cervelle.

– Elle ne nous laisserait sans doute pas mourir, hein ? Si elle a vraiment fait le tour des tragédies.

Will reste songeur.

– Il me semble qu'elle fait ça dans *Par-delà les océans*.

– Mais c'est différent. C'était un drame, et cette disparition servait son récit. Pour nous, mourir maintenant, ce serait absurde, déraisonnable. Lucy ne nous laisserait jamais faire ça, dis-je avec conviction.

– Dis donc, tu as appris plein de trucs avec Epstein, remarque Will, clairement impressionné.

– Merci, dis-je modestement.

– De toute façon, qu'elle aille se faire voir, décide Will.

Il commence à retirer ses vêtements.

Je lui emboîte le pas et dégrafe mes sandales en gémissant :

– J'arrive pas à croire que je fais ça !

Une fois en sous-vêtements, nous nous approchons du bord.

– Tu es prête ? demande-t-il.

– Je crois bien.

D'un même élan, nous sautons.

*
* *

Lorsque nous refaisons surface, quelques secondes plus tard, je me sens si revigorée que je pourrais nager pendant des kilomètres.

Will rejette ses cheveux en arrière et hurle comme un loup :

– C'était incroyable ! rugit-il.

J'éclate de rire et hurle à mon tour. Nous rions à en perdre haleine en chahutant au milieu des vagues qui nous fouettent vigoureusement, tandis que le soleil amorce sa descente vers l'horizon. Je ne me suis jamais sentie aussi libre qu'à cet instant. Et je suis en train de vivre tout ça avec… Will ?

– C'était plutôt une bonne journée, ma foi, dit-il tandis que nous regagnons le rivage.

Je suis contente que mes sous-vêtements ne soient pas blancs mais, au fond, je m'en fiche un peu. Pour autant, je ne peux m'empêcher de remarquer la peau lisse et bronzée de Will.

Je renchéris tout en m'essuyant le visage :

– Ça oui ! Merci mille fois.

Will se fige.

– J'en viens presque à me demander…

– Quoi ? Si on devrait pas sécher les cours plus souvent ?

Will rit doucement, toujours essoufflé.

– Non. Il ne faut pas que tu t'énerves.

– Je ne m'énerverai pas.

– Je me demande si elle n'avait pas prévu ça depuis le début ?

Mon sourire disparaît, et je commence à creuser dans le sable. Je refuse de la laisser tout engloutir. Je refuse de laisser l'idée de Lucy Keating brouiller mon jugement, mes sentiments, mon bonheur. C'était le but de cette journée, après tout.

– Qu'est-ce que tu en penses ? insiste Will.

– C'était une bonne journée aujourd'hui, Will. Ne me la gâche pas.

Il acquiesce en silence, allongé dans le sable, le regard tourné vers le ciel.

– D'accord.

Je le contemple un instant puis, lentement, je m'étends à côté de lui et pose ma tête sur sa poitrine.

– Ça t'embête ? dis-je, hésitante.

Son grand bras tiède vient envelopper mes épaules, et sa main se pose doucement dans mes cheveux.

– Ça ne m'embête pas, murmure-t-il en me caressant la tête, tandis que le sommeil nous gagne peu à peu.

22

Navrée que tu aies assisté à ça

Le lendemain soir, je passe la tête par la porte de la chambre de mes parents, où je trouve ma mère plongée dans un livre sur Palladio, un architecte italien.

– Il te plairait, dit-elle en désignant la couverture. Il ne jure que par la symétrie et la simplicité.

– Je tiens ça de toi, dis-je en me blottissant à son côté.

– C'est vrai, d'une certaine manière. J'aime la symétrie, mais ce n'est pas nécessairement mon point fort. Tu as hérité de l'intensité de ton père et de mon amour de la symétrie. Nous avons conçu un enfant parfait, en quelque sorte.

Je grimace et contemple le plafond.

– Qu'est-ce qui se passe ? demande-t-elle en refermant son livre.

– Je ne me sens pas si parfaite que ça depuis quelque temps. J'ai même l'impression de partir complètement en vrille, de ne plus rien contrôler... C'est comme si j'avais perdu l'équilibre et que je ne parvenais pas à me rétablir.

– Je ne connais personne qui contrôle mieux sa vie que toi, réplique ma mère.

– C'est un peu le problème. Je n'ai plus vraiment envie d'être comme ça. Mais on dirait que je n'y arrive pas, à moins d'agir exactement à l'opposé. Je voudrais juste me trouver, moi.

– Il faut parfois accomplir des choses vraiment effrayantes pour se trouver, dit-elle en s'installant plus confortablement.

– Hier, j'ai séché les cours et j'ai sauté d'une falaise à Malibu. Ça compte ou pas ?... De toute manière, je me sens toujours paumée.

Une mère normale me punirait, sans doute. Mais la mienne se contente de hocher la tête.

– Et avec qui es-tu allée là-bas ? demande-t-elle. Elliot ?

– Non. Avec Will.

– Ça m'étonne. C'est ton petit ami ?

– C'est juste un ami. Je crois.

– Est-ce que tu vas voir Sam et Elliot en concert ce soir ?

– Euh… Je n'ai pas encore décidé.

– C'est à cause de Clara ? dit-elle en fronçant le nez.

Je lui jette un regard en coin, outrée qu'elle en comprenne si long sur moi.

Je réponds sobrement :

– Oui.

Puis je me lève pour partir.

– Tu sais ce que je pense, AB ? Je pense que les choses changent. Les gens changent. On ne peut pas prédire l'avenir. Je pense que tu dois faire ton possible pour trouver ce qui te correspond le mieux, et pour trouver la personne qui t'aide à être toi-même. Je le sais mieux que personne. C'est ce qu'on a été l'un pour l'autre à une époque, ton père et moi. Mais il est possible que ce ne soit plus le cas, et c'est ce qu'on essaie de démêler en ce moment.

Je reste sur le seuil, tout ouïe.

– Mais je sais aussi que tu n'as que dix-sept ans, poursuit-elle, et que tu as la vie devant toi pour trouver cette personne. Pour le moment, concentre-toi sur ta vie. Sur le fait de grandir. Souvent, on grandit en faisant des erreurs. Tu pourrais essayer d'en faire un peu plus souvent, en plus de sauter du haut des falaises.

Je retourne vers le lit pour embrasser ma mère sur la joue.

– Merci, maman. Ça me parle plus que tu ne le crois.

C'est au moment de me redresser que je vois bouger la couverture à ses pieds.

– Ce n'est quand même pas… ?

Quelques secondes plus tard, la tête de Napoléon émerge.

– Navrée que tu aies assisté à ça, dit ma mère.

– Je croyais qu'il nous détestait tous ?

– Comme je te disais, les gens sont capables de changer, souligne ma mère avec un haussement d'épaules. Même Napoléon. Il aime bien s'enfouir sous mes pieds.

*

* *

Little Boots est l'une des rares salles de concert correctes dans l'ouest de Los Angeles. Elle est si minuscule qu'on y étouffe parfois, selon le groupe qui s'y produit, et c'est d'autant plus difficile d'être fourrée là-dedans pour voir Elliot et Clara jouer ensemble. Heureusement, je suis avec Ava et Navid.

– Elle est cool, cette salle, commente-t-il joyeusement en réajustant ses lunettes. On dirait une espèce de bar clandestin des années 1920, non ?

– C'est le mec le plus intello que tu aies jamais chopé, dis-je tout bas à Ava lorsqu'il tourne la tête de l'autre côté.

Elle me répond par un grand sourire et glisse amoureusement son bras autour de la taille de Navid, qui se penche pour l'embrasser sur le crâne.

– Alors, on les connaît d'où, ces gens ? demande-t-il.

Ava commence à lui expliquer :

– Le frère d'AB, c'est le guitariste, et le batteur, c'est…

Je la coupe :

– C'est personne.

Navid lance un regard entendu à Ava.

– Donc, c'est quelqu'un, conclut-il. Je croyais que tu sortais avec Will ?

– Peut-être. Je ne sais pas.

Les lumières s'éteignent alors, et Look at Me, Look at Me entre en scène.

Sam prend sa guitare, l'air radieux. Lenny attrape sa basse et pince les cordes pour l'accorder tandis que Clara se faufile vers le micro. Elle porte une robe dans le plus pur style rétro, et elle a tressé ses cheveux en demi-couronne pour encadrer son visage.

Juste derrière elle, le visage grave et concentré, Elliot s'installe à la batterie.

Il scrute le public, et j'ai l'impression qu'il me regarde. Un sourire éclaire soudain son visage, et je frissonne. Puis il lève les mains au-dessus de sa tête et frappe ses baguettes l'une contre l'autre pour lancer le premier morceau. *1-2-3 !*

Tout ce temps passé à répéter au garage a dû payer, car je n'entends pas le moindre couac. Tout le monde est parfaitement en rythme, même Clara. J'arrive presque à faire comme si elle n'était pas là, ou comme si elle n'était pas elle. Comme si je n'étais pas face au mec qui me donne des papillons dans le ventre et à son ex-petite copine, tous deux littéralement en parfaite harmonie. Comme si j'assistais simplement à un super concert à Little Boots.

Jusqu'au moment où Clara prend le micro, juste avant la dernière chanson.

– Vous n'êtes pas nombreux à le savoir, mais je suis partie pendant quelque temps, susurre-t-elle de sa voix sirupeuse. J'avais besoin de réfléchir un peu. Mais quand la vague vous emporte, elle finit toujours par vous rejeter sur le rivage.

La foule siffle, et j'échange un regard avec Ava.

– Je parie qu'elle a entendu cette réplique dans une pub Nescafé, raille-t-elle, me faisant ricaner.

Clara rosit et rejette ses cheveux derrière ses épaules.

– Bref, j'ai écrit cette chanson quand je suis revenue. (Elle décoche un regard à Elliot, qui garde l'air sceptique.) J'espère qu'elle vous plaira.

La musique démarre, plus lente, et Clara se rapproche du micro, comme pour lui faire des avances.

J'ai erré dans le désert, j'ai erré sur les chemins
J'ai tenté de te tendre, de te prendre la main
Je croyais devoir encore chercher
Pourtant me revoici à ton côté

Elliot reste de marbre en parcourant le public des yeux, battant lentement le rythme. Il s'arrange pour ne jamais regarder Clara ; peut-être parce que ma présence le gêne.

Serre-moi au creux de tes bras
Dis-moi que tu m'aimes, je prendrai soin de toi
Tu seras toujours, et tu es déjà
Parfait, oh, si parfait pour moi.

Soudain accablée, j'éprouve le besoin impérieux de quitter la salle et me dirige sans réfléchir vers la sortie. Je n'ai aucune envie d'écouter ce que raconte le prochain couplet. J'en ai déjà assez entendu sur la perfection de leur amour. Pourquoi est-ce que je suis venue ? J'aurais dû me douter que ça se terminerait de cette façon.

Ava me rejoint dehors, la mine compatissante. Je m'adosse à la façade de stuc et lève les yeux vers le ciel.

– Où est Navid ?

– Il a vu qu'on avait besoin d'un moment à nous… Dis donc, il te plaît vraiment, remarque-t-elle.

Je redresse la tête.

– Et alors ?

– Pourquoi as-tu autant de mal à l'admettre ?

– Parce qu'il est avec Clara.

– Ne commence pas. Tu ne sais absolument pas s'il est avec elle.

– Il me rend dingue ! m'écrié-je. Et il n'est pas du tout pour moi. Je suis censée être avec quelqu'un comme Will. Quelqu'un qui n'est pas en retard, et qui est content d'être là. Quelqu'un qui ne me fera pas souffrir comme Elliot peut le faire.

– Mais Annabelle, moi je suis tout le temps en retard. Je suis compliquée. Et Navid m'aime malgré tout.

– Sauf que Navid peut te faire confiance pour ne pas lui briser le cœur.

– Et pourquoi tu ne pourrais pas faire confiance à Elliot pour ne pas briser le tien ? m'interroge Ava en fronçant les sourcils.

– Parce que Elliot est flou sur tout. Comment est-ce qu'il pourrait être clair à propos de moi ?

Ava hoche lentement la tête.

– Je vois. C'est de ça que tu as peur. Tu as peur de tomber éperdument amoureuse de lui, et tu ne te sens pas en sécurité.

Je baisse la tête en bougonnant :

– De toute façon, ça n'a pas d'importance. Il est avec Clara.

– Il n'est pas avec Clara ! s'impatiente Ava. Écoute-moi ! Je suis le faire-valoir sans épaisseur, j'ai plus de jugeote que toi. Et là tout de suite, tu racontes n'importe quoi.

Ava s'apprête à retourner à l'intérieur, quand les portes s'ouvrent sur Elliot. Mon cœur rate une marche.

– Salut, dit-il.

– Oh ! Euh… bredouille Ava. J'étais justement… Tu as…

Elle lui tapote l'épaule en s'éloignant, puis me jette un dernier regard, un brin hilare, tandis que les portes se referment derrière elle.

– J'allais partir, dis-je.

– Annabelle… commence-t-il.

Les portes s'ouvrent de nouveau, et une bande de filles stoppent en voyant Elliot.

– Je crois que tu es attendu, dis-je en m'apprêtant à lever le camp, mais Elliot m'attrape le bras.

– *Arrête !* Tu me rends dingue. Est-ce que tu m'en veux toujours à ce point pour ce qui s'est passé à la plage ?

J'ai envie de pleurer. S'il me pose la question, c'est bien que ça n'avait aucune importance pour lui. J'ai trop peur de parler, alors je reste muette.

– Annabelle. Écoute, on s'est disputés. Ça ne veut pas dire que plus rien n'est possible entre nous. Les disputes, on en parle et on s'arrange. Mais tu ne me laisses même pas essayer. À moins que ce ne soit plus qu'un accrochage. À moins que tu ne regrettes tout ce qui s'est passé. Et si c'est le cas, tant pis. Ça craint, mais je peux le supporter. Tout ce que je te demande, c'est de ne pas être aussi bizarre et distante, d'accord ? Je n'aime pas la vie quand tu n'es pas là.

C'est alors que Clara pousse les portes de la salle pour jeter un œil à l'extérieur.

Je parviens à murmurer :

– Tu as dit que c'était juste un truc qui nous démangeait.

– Elliot ? appelle Clara.

– J'étais énervé, me répond Elliot, d'un air plus grave que jamais. Et… J'avais tort. Je suis vraiment désolé, Annabelle.

D'autres spectateurs quittent la salle et sortent sur le trottoir.

– Est-ce que c'était le cas pour toi ? me demande-t-il encore. Est-ce que c'était juste une pulsion ?

Je suis sur le point de répondre quand un homme

tape sur l'épaule d'Elliot. Il doit avoir la trentaine et porte une veste en cuir par-dessus une chemise à carreaux avec un jean noir.

– Salut, Elliot. Super concert, mec !

– Merci, répond Elliot sans même le regarder, attendant toujours ma réponse.

– Tu as un moment, là ? insiste le type.

– Donne-moi juste une minute, dit Elliot sans me quitter des yeux.

– Bien sûr, excuse-moi, dit l'intrus en reculant. Je suis Jay Jermaine, au fait. Je voulais juste te dire que j'étais fan.

Elliot tourne brusquement la tête :

– JJ Jermaine ? Le JJ Jermaine de KCRW ?

Jay lui sourit de toutes ses dents.

– Exact. J'aimerais beaucoup parler avec toi, quand tu auras une minute.

– Votre émission de radio, c'est toute ma vie, murmure Elliot.

Là, JJ rit franchement.

– Écoute, je vois bien que tu es occupé, mais j'aimerais discuter avec toi d'un projet. On m'a demandé de m'occuper de la bande originale d'un blockbuster en cours de production – je ne sais pas si tu as entendu parler de cette auteure, Lucy Keating ? Ils font une adaptation de son dernier livre, *Par-delà les océans*, et ils cherchent des musiques inédites pour le film. Je pense que toi et ton groupe, vous seriez parfaits pour au moins deux titres.

Elliot se retourne vers moi, l'air impuissant, mais ce n'est plus après lui que j'en ai désormais. C'est après elle.

23

On s'amuse bien ?

Il me paraît juste de dire que ma relation avec Lucy Keating était compliquée jusqu'à présent. Je lui en voulais profondément de s'être immiscée dans ma vie, mais ce n'était pas non plus mon ennemie jurée.

Là, toutefois, je suis décidée à la faire payer.

Quel genre d'esprit tordu peut manipuler la vie d'une adolescente parfaitement heureuse et semer la confusion la plus totale dans son existence, uniquement pour son intérêt professionnel ? Cette femme qui veut soi-disant me rendre heureuse ne m'a apporté que des souffrances. Et elle s'obstine à créer conflit après conflit, me faisant enchaîner les coups de blues et les crises d'angoisse, tout ça pour quoi ? Simplement pour améliorer son histoire ?

Il est bientôt minuit, et je suis devant chez Will, au volant de la voiture de Sam (que j'ai prise malgré ses protestations). Je l'attends. Je lui ai envoyé un texto un quart d'heure plus tôt pour le prévenir, et en patientant, je laisse mon esprit faire une brève incursion vers ce qui se passe probablement du côté d'Elliot. Il est entouré de fans, et Clara se colle à lui. Il se fait sans doute désirer, mais ils sont tous deux d'excellente humeur, ravis à l'idée de composer deux chansons pour le film de Lucy. Peut-être va-t-elle le serrer dans ses bras, excitée par cette perspective professionnelle. Et cette étreinte en tout bien tout honneur durera une seconde de trop. Et, alors qu'ils s'écarteront l'un de l'autre, l'esprit embué par la bière, leurs regards se croiseront…

Pff, je ne suis peut-être pas si nulle que ça en création littéraire, me dis-je. Je me penche en avant et appuie mon front contre le volant.

Le problème, c'est que tant que Lucy Keating sera dans les parages, il y aura toujours une baguette de batterie surgie de nulle part, ou une Clara, ou un découvreur de talents, ou une panne de voiture. Je vais mettre un terme à tout ça pour de bon, et personne ne pourra m'en empêcher.

– Je vais me la faire, dis-je à Will qui pointe son charmant petit nez à ma fenêtre.

Il semble épuisé.

– Qui ? Qu'est-ce qui se passe ? demande-t-il en se frottant les yeux, une fois monté à côté de moi.

– On part à l'aventure, dis-je.

– Oh, vraiment ? Où ça ?

– On va en finir une bonne fois pour toutes avec cette Lucy Keating. On va aller la rencontrer en personne. Parce qu'on aura beau essayer de changer notre histoire, peu importe qu'on se planque aux toilettes pour parler, peu importe qu'on saute de toutes les falaises qu'on croise, on n'arrivera à rien. Il n'y a qu'une seule personne qui peut arranger ça.

– Ça me plaît, dit Will. Mais est-ce qu'on doit vraiment faire ça maintenant ?

– Oui. Avec un peu de chance, elle dormira. Et si elle dort, elle ne nous verra pas arriver.

– Tu es un génie, souffle Will. Est-ce qu'on peut d'abord aller se chercher un café ?

*

* *

Nous nous arrêtons à un *diner* ouvert toute la nuit pour que Will obtienne sa dose de caféine. Je prends un milk-shake. Il est peut-être 1 heure du matin, mais je suis si dopée par l'adrénaline que je n'ai besoin de rien d'autre. Nous allons enfin nous débarrasser du problème, je le sens.

– Sinon, une dernière question, dit Will tandis que nous reprenons place dans la voiture. C'est juste un tout petit détail, vraiment.

– Quoi donc ? dis-je en prenant une dernière gorgée de mon délice chocolaté.

Je le cale dans le porte-gobelet avec le sentiment d'être une superhéroïne qui carbure à la crème glacée.

– Comment on est censés aller chez elle ? Tu as demandé son adresse à Epstein ?

Je secoue la tête.

– Je n'ai pas eu le temps, et puis je ne voulais pas risquer de lui mettre la puce à l'oreille.

– Donc…

– Donc, je vais sentir où je dois aller, c'est tout.

– Annabelle Burns, la personne la plus terre à terre de cette planète, va sentir la direction à prendre pour se rendre à un endroit où elle n'a jamais mis les pieds, résume Will, sans chercher à cacher son scepticisme.

– C'est elle qui nous a créés, Will. Je suis son personnage principal. Tu es son chouchou. Je le sens jusque dans mes tripes. Je ne peux pas t'indiquer le numéro ni le nom de la rue, mais c'est quelque part là-dedans, dis-je en tapotant mon crâne. Je n'ai qu'à suivre mon instinct.

– Bon, d'accord, je suppose que je te fais confiance. Tant que je suis de retour pour le cours de maths de 9 heures demain matin…

– C'est pas encore gagné la rébellion, à ce que je vois, hein ? dis-je en démarrant.

Will hausse les épaules et boit une gorgée de café.

– Je suis tel que Lucy m'a créé, se défend-il.

*

* *

Les routes sont agréablement dégagées à cette heure de la nuit, un vrai miracle pour une ville comme Los Angeles, et j'ai effectivement bien mon idée sur la direction à prendre. Quelque part sur les hauteurs de Laurel Canyon, Lucy nous attend. Je le sens. Tout se passe comme prévu.

Mais alors que je m'apprête à tourner dans Sunset Boulevard, le feu rouge, au lieu de passer au vert, devient orange.

– C'est bizarre, dis-je. Les feux rouges ne passent pas à l'orange.

– Il doit être détraqué, avance Will. Tu n'as qu'à y aller en première. Il faut toujours *s'engager avec prudence* quoi qu'il arrive, et il n'y a personne, de toute façon.

Mais à peine ai-je démarré que le feu change à nouveau de couleur. Et cette fois, il est bleu.

– C'est quoi ce délire ? s'écrie Will alors que je freine. Ça *n'existe* même pas, les feux de signalisation bleus.

Il n'a pas fini sa phrase que le bleu cède la place au violet. Puis l'ampoule se met à clignoter en alternant toutes les couleurs de l'arc-en-ciel, comme lors d'un spectacle son et lumière à la patinoire. Nous restons sidérés quelques instants.

– Elle s'est réveillée, dis-je. Et elle nous torture.

Will paraît un instant défait, puis, avec une détermination renouvelée, il lève le menton.

– Qu'elle aille se faire voir. Elle nous fait subir ça parce qu'on respecte les règles du jeu. Elle sait qu'on est les deux seules personnes au monde qu'on peut tenir en respect avec un feu de signalisation multicolore. Elle sait qu'on n'osera pas y aller tant qu'il ne passera pas au vert. Prouve-lui le contraire, Annabelle.

J'hésite.

– Annabelle ! me presse-t-il. Tu peux le faire.

Alors, je m'exécute et démarre sous les lumières disco en laissant Melrose sur ma droite tandis que Will applaudit gaiement.

Je le préviens :

– Mais tu sais ce que ça signifie.

– Quoi ? demande-t-il, à nouveau nerveux.

– À partir de maintenant, ça va devenir de plus en plus difficile.

*

* *

Et, de fait, Lucy ne nous déçoit pas. Nous passons quatre heures irréelles à errer de déviation en cul-de-sac, ralentis à chaque instant par des ouvriers sortis de nulle part, affairés à installés des panneaux qui n'ont même pas la bonne forme, sans parler du reste.

Un stop rose bonbon affiche carrément COUCOU, tandis qu'un panneau sur l'autoroute nous nargue d'un ON S'AMUSE BIEN ?

Pour finir, alors que nous décidons de remonter Crescent Heights Boulevard en direction de Hollywood Hills, la rue n'est tout bonnement plus là.

Elle n'existe plus.

– Alors là, non, dis-je. C'est ridicule. Elle ne peut pas simplement envoyer balader la géographie et les points de repère historiques de Los Angeles. Elle ne donne pas dans ce genre de littérature. Elle ne ferait pas ça à son histoire.

Et, comme si Lucy était bien obligée d'en convenir, le mur de briques sur ma gauche disparaît, et Crescent Heights retrouve sa place, montant jusqu'aux canyons.

*

* *

Dix minutes plus tard, après avoir échangé nos places – je commençais à piquez du nez –, Will et moi roulons sous l'aube la plus velléitaire qui soit. Le ciel est d'un rose profond depuis au moins vingt longues minutes.

Du fond de mon siège, je ronchonne :

– Elle essaie de nous amadouer avec un cadre romantique.

Will continue de conduire, l'air serein.

– Je ne me plains pas. C'est superbe.

– La plupart des gens pensent que les couchers de soleil ici sont beaux à cause du smog. Mais en fait, c'est faux.

– Explique-moi, demande Will en tournant dans Fountain Avenue.

– Eh bien, quand le soleil est haut dans le ciel, on voit toutes les longueurs d'ondes : rouge, orange, jaune, bleu, violet. Mais à mesure qu'il s'approche de l'horizon, les rayons arrivent de biais et doivent parcourir une plus grande distance pour nous atteindre. Et comme l'atmosphère disperse davantage les longueurs d'ondes les plus courtes, le bleu et le violet, ça explique qu'on voie davantage le rouge, l'orange et le jaune.

Je jette un œil à Will, qui écoute attentivement. C'est un détail que j'aime chez lui. Il ne s'ennuie pas. Il ne cherche pas quelque chose d'autre à faire toutes les deux minutes. Il a envie d'approfondir.

– Bref, quand le soleil se couche, c'est à ce moment-là qu'il est le plus loin de nous. Le bleu et le violet sont presque complètement dispersés, et il ne reste que les couleurs les plus chaudes.

– Quel est le rapport avec le smog, alors ?

– Les gens croient que les particules qu'il contient dispersent encore plus les longueurs d'ondes les plus courtes, et qu'il rend les couchers de soleil plus roses. Mais en vérité, même si les gaz naturellement présents dans l'atmosphère participent à cette dispersion, tout ce que fait notre smog artificiel c'est bloquer la lumière. Donc, les tons chauds qu'on observe n'ont strictement rien à voir avec notre pollution.

Comme Will ne bronche pas, je lui lance un autre regard, inquiète qu'il ait pu s'endormir au volant. Mais non, il sourit.

J'anticipe :

– Je sais, je suis une intello…

– Tu es fabuleuse, dit Will.

Il tend le bras pour poser sa main sur ma nuque, puis il la retire en sentant que je me raidis.

– Annabelle… soupire-t-il.

Mais il s'interrompt, distrait par le voyant lumineux du carburant qui vient de s'allumer sur le tableau de bord.

– Tu as fait le plein il y a trois heures, s'agace-t-il. On n'a même pas consommé dix litres.

Je pousse un grognement et abaisse la vitre pour crier en direction du ciel :

– Vas-y ! Donne tout ce que t'as ! Tu ne pourras pas nous arrêter !

Sur notre droite, deux petites vieilles dans une Mercedes dorée me dévisagent.

– Bonne chance, mon chou, me dit l'une d'elles. Ça fait des années que je parle à Dieu, il ne m'a pas encore répondu.

Je remonte la vitre avec un sourire figé, puis je me tourne vers Will, les yeux écarquillés. Nous partons d'un grand éclat de rire.

– Elle a raison, tu sais. C'est vrai que je me comporte comme si Lucy Keating était Dieu.

– Elle joue à être Dieu, rétorque Will. Ce n'est pas ta faute ; c'est entièrement la sienne.

À la station-service, je décide de faire un saut à l'épicerie en face pour nous prendre quelques bagels. Alors que je retraverse la rue complètement vide, Will crie soudain mon prénom ; sorti de nulle part, un scooter fonce à toute allure dans ma direction, prêt à me percuter. La seconde d'après, Will me tire brutalement sur le trottoir et me serre contre sa poitrine.

Je relève lentement les yeux. Son parfum de cèdre

et sa chaleur m'engourdissent comme une sorte de drogue.

– Tu n'as pas eu trop peur ? m'interroge-t-il à voix basse.

Je le repousse doucement.

– On ferait bien d'y aller, dis-je en fuyant ses beaux yeux.

Nous roulons en silence pendant un moment dans le quartier pittoresque de West Hollywood. Soudain, la température chute d'une bonne dizaine de degrés dans la voiture, alors même que le chauffage est en marche. Je frissonne.

Will ôte son pull :

– Tu le veux ?

Je regarde le vêtement comme s'il était en feu.

– Quoi ? demande Will.

– Je ne peux pas.

– Pourquoi pas ? C'est juste un pull, Annabelle, pas une bague de fiançailles.

Je détourne le regard, embarrassée.

– Quel est le problème ? insiste Will.

– Il sent trop bon, finis-je par avouer.

Will éclate de rire.

– Oh, sérieux…

Je plante mon regard dans le sien, l'air grave.

– Je ne plaisante pas, Will. C'est comme une drogue qui suinterait de ta peau. C'est comme de l'opium. Si j'enfile ce pull, je suis fichue.

– Tais-toi et enfile-le, Annabelle.

Surprise et grelottante, je finis par obéir. Mais j'avais raison. Je sens son odeur m'imprégner. L'image d'un feu de bois me traverse l'esprit, suivie par celle des épaules dorées de Will.

– Tu ne m'avais jamais parlé aussi durement, dis-je.

– Peut-être que j'ai eu une conduite exemplaire jusque-là avec toi. Mais peut-être que je ne suis pas le garçon le plus gentil du monde, en fait.

Nous restons un moment sans rien dire, puis je réponds :

– Si, tu l'es.

– Eh bien, je n'ai pas toujours envie de l'être, admet-il d'une voix douce.

– Comment ça ?

– Je n'ai pas toujours envie d'être parfait. Ce n'est pas la première fois que j'essaie de faire n'importe quoi, tu sais. Je décide de ne pas réviser pour un devoir mais, une fois devant ma feuille, je connais toutes les réponses, comme par magie. Je fais le mur, et mes parents ne s'en aperçoivent même pas. J'ai essayé de me trouver une vieille bagnole super cool comme celle d'Elliot, et pas cette connerie écolo-hybride de mec raisonnable, mais personne n'a voulu me vendre la sienne. Parfois je voudrais mentir, ou tricher. Parfois j'ai envie de cogner un mec qui fait l'imbécile sur le terrain de foot. Mais quand je décide de le faire pour de bon, je… Je ne sais pas, je bloque.

Quelque chose me frappe dans son discours.

– Will, je crois qu'on a mis le doigt sur un truc important, là.

– C'est-à-dire ?

– Tes envies et tes tentatives de rébellion ne datent pas d'hier. (Je repense à notre étrange petit Napoléon ; même lui a réussi à changer.) Mais je crois que c'est important que tu sois capable de le reconnaître. C'est important qu'on en soit tous les deux capables. Je pense que ça signifie qu'on a une possibilité. Qu'on a une chance de prendre le contrôle sur notre histoire. De ne pas simplement accepter les choses telles qu'elles sont.

– J'espère vraiment que tu as raison. Je ne veux pas vivre comme ça éternellement.

J'ai soudain beaucoup trop chaud avec son pull, qui se met à peser une tonne sur mes épaules. Je commence à le retirer, mais il a beau être largement trop grand pour moi, je me retrouve la tête coincée dans l'encolure.

– Hum, je veux bien un coup de main, dis-je d'une voix étouffée par le lainage.

De l'autre côté du pull, j'entends Will rigoler avant de se rapprocher pour m'aider. Mais ensuite, alors qu'il tire par-dessus et que je me démène en dessous, assez inexplicablement, le pull parvient à s'entortiller également autour de sa tête. Et nous voilà coincés tous les deux sous les étoiles, au beau milieu des rues brumeuses de Laurel Canyon, nos visages à cinq centimètres l'un de l'autre.

– C'est elle qui fait ça, dis-je calmement.

– Je m'en fiche, réplique-t-il d'une voix hachée.

Il se penche sur moi, et je m'enivre de son souffle. Je songe combien il serait facile de succomber, juste un petit moment. Juste un baiser, qui pourrait ne pas prêter à conséquence.

Mais je repense alors à Elliot. À ce qu'il a dit, sur le trottoir devant Little Boots. À ce que j'ai ressenti. Promptement, je m'extirpe du pull.

– Je crois que c'est juste là, à droite, dis-je.

Sans un mot, Will redémarre.

24

Est-ce que vous changeriez quelque chose ?

Le Laurel Canyon Boulevard décrit un virage à hauteur du numéro 1250 ; la propriété sise à cette adresse se cache derrière un grand portail en bois. Nous sonnons, mais personne ne répond.

Will saute en l'air pour voir de l'autre côté.

– Il y a une voiture dans l'allée, dit-il. Elle est là ; c'est juste qu'elle nous ignore.

Je m'adosse au portail, consternée, et quelque chose au-dessus de nous attire mon attention.

– Quand est-ce que les étoiles sont apparues ? Il n'est pas, genre, 10 heures du matin, là ?

– Elle recommence son cirque. Elle espère nous jeter dans les bras l'un de l'autre.

Il m'adresse un regard en coin. Je me dis que je dois être folle pour repousser les avances de quelqu'un d'aussi beau, d'aussi adorable et d'aussi génial que Will Hale. Seulement, il semblerait que l'amour, ça ne marche pas comme ça.

– C'est moi, ou elles sont particulièrement brillantes, ces étoiles ?

– Tu as raison, on dirait des guirlandes de Noël, dit Will en levant les yeux.

Une étoile filante passe à cet instant précis.

– Tu l'as vue ? nous exclamons-nous en même temps, avant d'éclater de rire.

Will examine le pavé numérique sous la sonnette.

– Si seulement on connaissait le code… Elle n'aurait pas le choix.

Je me creuse la tête.

– Essaie son anniversaire. Le 10 octobre, dis-je après avoir consulté sa page Wikipédia.

– Un-zéro-un-zéro. Non.

– Son année de naissance, alors. 1984.

Will pianote les chiffres.

– Non plus.

– Tente MORTY ; c'est le nom de son premier chien.

– … Ce n'est pas lui.

Je redouble de concentration.

– Essaie HAPPY, dis-je.

Will me regarde bizarrement, mais tape le code sans faire de commentaires. Comme par magie, le portail s'ouvre… sur une grille. J'explose :

– Non mais sérieux ! C'est ridicule ! Vous avez huit ans d'âge mental ou quoi ?

Rien ne se produit tout d'abord, puis, comme si à nouveau Lucy était bien forcée d'admettre qu'elle avait quelque peu dépassé les bornes, la grille s'ouvre de mauvaise grâce. Nous échangeons un regard interloqué avant de pénétrer dans l'enceinte de la propriété.

– Elle ne nous ferait pas de mal, n'est-ce pas ? demande soudain Will.

– Impossible. Tu te rappelles ? Elle n'aurait plus de roman, et on n'est pas dans une tragédie.

Une fois passé la grille, tout cloche. Sur notre droite, un tas de vieilles voitures sont empilées, comme dans une décharge. Je les reconnais ; je les ai toutes vues passer dans le garage du père d'Elliot. Qu'est-ce qu'elles fichent ici ?

L'autre extrémité du terrain est bordée d'une falaise typique de Malibu, ce qui n'a aucun sens dans ce quartier de la ville. Et maintenant que je regarde de plus près la maison de Lucy, j'y retrouve des pans de la mienne. Et de celle de Will. Et même de Cedar Spring.

La porte d'entrée s'ouvre alors que nous approchons ; Mathilda Forsythe sort de la maison et traverse le jardin au pas de charge, son porte-documents calé sous le bras et son enregistreur à la main, comme toujours. Lorsqu'elle m'aperçoit, sans manifester la moindre surprise, elle se contente de hocher la tête et poursuit son chemin.

– C'était qui ? demande Will.

Troublée, je regarde Mathilda s'éloigner.

– C'était la meuf qui va peut-être acheter notre maison.

– C'est tellement plus étrange que ce à quoi je m'attendais, murmure Will alors que Lucy Keating apparaît sur le seuil.

Vêtue d'un jean et d'un cachemire noir, elle est accompagnée de trois petits chiens galeux.

– Annabelle, William, nous accueille-t-elle froidement avant de nous faire signe d'entrer. Mathilda venait justement discuter de son rôle. Elle voulait savoir si je pouvais lui trouver une autre place dans le livre. Je lui ai dit que j'y réfléchirais. Certains personnages aiment qu'on leur dise quoi faire, vous savez.

Elle place son poing sur sa hanche.

Nous avançons de quelques pas dans le vestibule parqueté de chêne. Des rayons de lumière filtrent au travers d'une grande fenêtre, de l'autre côté du salon. J'aperçois un tas de vêtements qui semblent tous sortis de mon placard. Je reconnais ma jupe bleue fétiche au sommet de la pile, et mes Vans blanches qui dépassent de sous le canapé.

– Qu'est-ce que vous fabriquez avec mes vêtements ?

– Honnêtement, Annabelle, je commence à me fatiguer de devoir tout t'expliquer, répond Lucy avec impatience. J'ai des délais à respecter, et je suis déjà très en retard. Tes vêtements sont ici parce que je les ai inventés, tout comme je t'ai inventée, toi. Tout ce à quoi je pense, tout ce qui me traverse l'esprit tourbillonne autour de moi dans cette maison. C'est comme ça que ça marche, c'est tout.

Elle a effectivement l'air plus stressée que la dernière fois. Je l'observe attentivement ; ses cheveux sont un peu gras, et elle a des valises sous les yeux. Tout ça n'est pas pour me déplaire.

– Très bien, alors je serai brève, dis-je. On veut que vous arrêtiez de faire ça.

Lucy penche la tête sur le côté.

– Je serai tout aussi brève : non.

– Est-ce que vous pouvez écrire que de la fumée me sort par les oreilles ? Parce que c'est vraiment l'impression que ça me fait.

Lucy éclate d'un petit rire perlé.

– Tu es plus drôle que ce que j'avais prévu. J'ignorais que j'avais ça en moi.

Cette réflexion attise ma colère.

– Tu vois ? murmure Will. Elle nage en plein complexe de Dieu.

Lucy lui jette un regard exaspéré.

– On est ici parce qu'on veut que vous nous rendiez nos vies, dis-je fermement. C'est le truc le plus tordu et le plus dysfonctionnel dans lequel je me sois jamais retrouvée, et vous devriez avoir honte. On veut que ça s'arrête !

Lucy se tourne vers Will d'un air implorant.

– Est-ce vraiment ce que tu veux, Will ? Tu veux que j'arrête d'écrire tout ça ?

Will blêmit.

– C'est le moment le plus étrange de toute ma vie, se contente-t-il de marmonner.

– Tu n'as pas répondu à ma question, insiste calmement Lucy.

– C'est Annabelle que je veux, admet-il.

Je grince des dents. Il ne m'aide pas beaucoup.

– Eh bien, voilà, dit Lucy.

– Mais je veux savoir que je choisis Annabelle parce que je le désire. Et je veux savoir que c'est bien elle qui me choisit aussi. Je veux faire ce que font les ados normaux. Je veux avoir des ennuis à cause d'un piercing ou d'un tatouage. Je veux rater une interro. Je veux laisser ma chambre en désordre et ne pas la retrouver rangée comme par magie quand je reviens de la cuisine.

Lucy éclate de rire.

– Vous vous écoutez parler, tous les deux ? Tout est parfait dans votre vie. Et c'est grâce à moi. Vous auriez pu tomber sur bien pire que ça, vous savez.

Je proteste :

– Ma vie n'est pas parfaite ! Vous faites divorcer mes parents uniquement pour créer de la tension dans votre livre débile, et je suis en train de perdre les pédales. Elliot me plaît, et la minute d'après c'est au tour de

Will. Un garçon fait quelque chose d'adorable, et tout à coup on s'engueule en haut d'un poste de secourisme.

– Elliot, marmonne Lucy d'un air mécontent. Il n'était même pas censé être un personnage principal. Il devait seulement être l'ami énervant de Sam, le comique de service quand tu étais à la maison. Mais il n'a pas arrêté de repousser ses limites.

– Pourquoi vous n'êtes pas contente ? demande Will.

– Parce que Elliot n'est pas la bonne personne pour elle. La bonne personne, c'est toi !

Will écarquille les yeux.

Quant à moi, je hurle presque :

– Qu'est-ce que vous en savez ?

Je ne me suis jamais sentie aussi incomprise de toute ma vie. Je ne suis jamais sentie aussi… prise au piège.

– Je le sais, tu peux me faire confiance. Elliot n'est pas pour toi. Il est incapable de se gérer lui-même. Un personnage comme Elliot… (Lucy soupire.) Annabelle, ce garçon n'est bon qu'à te briser le cœur.

Je me tais, désarçonnée. C'est la première fois que Lucy dit quelque chose qui pourrait s'accorder à ce que je pense. Parce que, si je suis honnête avec moi-même, je dois admettre que j'ai toujours soupçonné que c'est ce qui arriverait.

Lucy s'avance d'un pas.

– Crois-moi, Annabelle. Je sais de quoi je parle. Fais confiance à quelqu'un qui a déjà choisi le mauvais cheval par le passé. Ton histoire avec Elliot ne se terminera pas bien.

Mon cœur se serre dans ma poitrine et, en baissant les yeux sur mes chaussures, je tente un :

– Peut-être que si.

– Non. Écoute-toi ! Même toi, tu penses que ça finira mal. Et je suis ici pour te dire que c'est le cas. Laisse-moi te donner le dénouement que tu mérites.

Derrière Lucy, je vois Napoléon sortir de la cuisine, me regarder et sauter sur le canapé. Les guirlandes lumineuses de la terrasse de Sea Salt Creamery sont accrochées dans le couloir. Il y a des cookies du Malibu Country Mart dans une assiette sur la table basse, et il me semble reconnaître la planche de surf de mon père appuyée contre le réfrigérateur.

Lucy reprend :

– L'amour n'est pas censé être difficile, Annabelle.

– Depuis quand ?

– Laisse-moi te donner une fin juste.

– Comment savez-vous distinguer ce qui est juste de ce qui ne l'est pas ?

– C'est moi qui t'ai créée, répond-elle du tac au tac.

– Toujours ce complexe de Dieu, remarque Will.

– Oh, toi, boucle-la ! s'énerve Lucy.

– C'est Elliot que je veux, dis-je.

Et je le pense. C'est un sentiment profondément ancré en moi.

Je me tourne vers Will :

– Will, tu es vraiment parfait. Parfait en général, et pour moi en particulier. Sincèrement, tu es tout ce que je croyais désirer en pensant que ça n'existait pas. La personne qui sera avec toi un jour a une chance folle.

Will parvient à sourire tristement.

Je m'adresse ensuite de nouveau à Lucy :

– Je n'ai pas choisi Elliot. C'est une évidence qui m'a frappée de plein fouet à un moment donné. On ne choisit pas de qui on tombe amoureux. Vous le savez mieux que personne. Et vous ne pouvez pas choisir pour moi.

Du regard, je continue d'inspecter les lieux, quand je m'aperçois que les noms de mes amis et des membres de ma famille sont listés sur un tableau blanc, au-dessus du bureau de Lucy. Ces noms qui ne furent d'abord que des mots inscrits au feutre effaçable sont des personnes réelles pour moi. Leurs vies comptent.

Je songe à mes parents, et les larmes me montent aux yeux.

Je reprends :

– Ce n'est pas parce qu'une histoire se termine qu'elle ne valait rien. Parfois, il faut prendre le risque.

Lucy s'est immobilisée et me fixe du regard, sans cesser de gratouiller distraitement la tête de son chien.

J'insiste :

– Si c'était à refaire, est-ce que vous recommenceriez ?

– Est-ce que je recommencerais quoi ? demande-t-elle avec méfiance.

– Votre histoire avec Edwin.

Lucy me lance un regard froid comme l'acier.

– Comment es-tu au courant ?

– Peu importe. Est-ce que vous changeriez quelque chose ? Est-ce que vous renonceriez à tout ce qui s'est passé entre vous, même si ce n'est qu'à la fin que vous vous êtes éloignés l'un de l'autre ?

Lucy pose son chien à terre et croise les bras sur sa poitrine.

– Le perdre a été l'expérience la plus douloureuse de toute ma vie, murmure-t-elle.

– Mais est-ce que vous changeriez quelque chose, si c'était à refaire ?

Elle semble sortir de sa transe, déglutit.

– Il faut que vous partiez, tous les deux. Maintenant.

Convaincue d'avoir touché un point sensible, je m'entête :

– On ne partira pas tant que vous n'aurez pas accepté de nous laisser prendre nos propres décisions.

– Très bien ! s'exclame Lucy. Si c'est ce que tu veux, Annabelle, alors c'est ce que tu auras.

Elle s'avance d'un pas décidé vers la porte d'entrée, qu'elle nous ouvre en grand.

– Attendez, une minute, proteste Will, la mine inquiète.

Me dirigeant vers la sortie, je réponds à Lucy sur le même ton excédé :

– Parfait !

– Attendez… répète Will.

– Si c'est ce que tu veux, Annabelle, je vais arrêter d'écrire ta vie.

Lucy hausse les épaules en nous regardant depuis le seuil.

– Pourquoi ça ressemble à une mauvaise idée, subitement ? demande Will en m'emboîtant le pas.

– Viens, on s'en va, dis-je en le tirant par le bras.

Nous retraversons le jardin au pas de charge, non sans remarquer les vagues qui se fracassent sur le mur du fond.

Avant que le portail se referme, j'ai le temps d'entendre Lucy me lancer :

– On va voir si ça te plaît !

25

Dans le tiroir

Tandis que nous repartons en laissant derrière nous Laurel Canyon, j'ai la sensation qu'un poids immense vient d'être ôté de mes épaules. Je ne me suis pas sentie aussi légère depuis l'irruption de Lucy dans ma vie. Il n'y a plus d'obstacles devant moi. Mes décisions me reviennent enfin, et il n'y aura plus personne pour me mettre des bâtons dans les roues.

Il me faut un petit moment pour m'apercevoir que Will est complètement silencieux. Il fixe la route droit devant lui, d'un regard éteint, le visage inexpressif.

– Je suis navrée, Will, dis-je enfin alors que nous quittons Venice Boulevard pour rejoindre ma rue. Mais je pense sincèrement ce que j'ai dit. Et c'est vrai que tu mérites mieux.

– Pour moi, il n'y a personne de mieux que toi, dit-il, l'air résigné. C'est sans issue… Je suis comme un loup-garou imprégné dans *Twilight*.

– Tu as lu *Twilight* ? dis-je, incrédule.

– Tu crois que je ne me suis pas renseigné ? J'ai vu le film. Pourquoi les gens sont-ils aussi hystériques avec cette saga ? Jacob, c'était le choix évident. Edward est tellement… sérieux.

Je me mords la lèvre en m'efforçant de ne pas sourire.

– Quoi ? Qu'est-ce qu'il y a de si marrant ?

– Ça m'ennuie de te casser la baraque, mais dans ce livre, dans l'histoire imaginée par Lucy Keating... Tu es Edward.

– Non... Puisque tu choisis Elliot, moi, du coup, je suis Jacob.

– Faux, dis-je en le couvant d'un regard compatissant. D'après Lucy, tu es Edward, et Elliot est Jacob. Il n'a même pas l'importance de Jacob, en fait. Mais c'est à toi que je suis censée être destinée.

– Ben oui, mais maintenant je suis devenu Jacob, non ? Dans cette réalité ? m'interroge-t-il, légèrement suppliant.

Je lui tapote gentiment le bras.

– Admettons. Tu peux être Jacob à présent.

Will semble se satisfaire de cette réponse.

Nous nous garons devant chez moi, et je m'apprête à retirer ma main du bras de Will, quand je m'aperçois qu'elle a un aspect étrange. Elle est bizarrement floue, comme si je la regardais à travers un morceau de verre dépoli. Je cligne des yeux, je me frotte les paupières, mais ça ne change rien. Il n'y a pas d'ombre, pas de profondeur. Ma main semble entièrement plate, comme si c'était une main de papier. Will le remarque aussi.

– Will. Qu'est-ce qui se passe ? dis-je en observant mes doigts de plus près.

Je ne distingue plus mes phalanges, ni les plis de la peau au niveau du poignet. Ma gorge se noue quand je réalise soudain qu'il n'y a même plus d'ongles.

– Oh, non ! s'écrie Will, paniqué. C'est exactement

ce que je craignais. Mais je ne savais pas que ça se passerait comme ça.

– Qu'est-ce que tu craignais ?

Le bout de mes doigts commence à se décolorer.

– Tu ressembles à… un personnage de bande dessinée, dit Will. En deux dimensions, quoi. Comme Animal Man.

Je lève les yeux et comprends de quoi il parle, parce qu'il lui arrive la même chose. Ses cheveux semblent avoir été peints, et ses yeux ne sont plus que deux grands cercles au milieu de son visage. Et, lorsqu'il se met de profil, il disparaît carrément. C'est comme si j'étais assise à côté d'une poupée de papier.

Hors de la voiture, tout autour de nous, le monde s'éclaircit, comme si quelqu'un retouchait une photo de nous en poussant l'exposition à fond. Paniquée, je me couvre les yeux d'une main en m'écriant :

– Pourquoi est-ce que tout disparaît ?

Mais ma voix est assourdie.

– Elle a arrêté de nous écrire, Annabelle.

La voix de Will, elle aussi, semble venir de beaucoup plus loin qu'elle ne devrait.

– Notre monde va cesser d'exister, et nous avec.

– Il n'est pas en train de disparaître. On ne disparaît pas comme ça, d'un coup de… Will ?

Will s'est évanoui, tout comme la voiture dans laquelle nous étions assis. Seul un coin de rue à l'aspect délavé subsiste. Je me tourne de l'autre côté, et là où La Maison devrait se trouver, je ne vois plus qu'une espèce d'ébauche de projet architectural, comme celles que réalise ma mère. Une simple esquisse de la maison de mon enfance, tracée au feutre sur une toile de fond toute blanche. Une vague de terreur me submerge. Je cours à la porte et l'ouvre à toute volée.

– Maman ? Papa ? Sam ?

Mais de l'autre côté de la porte, il n'y a plus que du vide. Il me semble entendre des voix, de très loin, mais je ne vois personne. Puis le silence se fait. À présent, même les contours de la maison se sont dissipés. Il n'y a plus rien.

J'avance de quelques pas dans une direction, puis m'élance brutalement dans une autre. Il me semble que je cours pendant vingt minutes, mais il ne s'est peut-être écoulé que quelques dizaines de secondes. C'est impossible d'évaluer quoi que ce soit quand on n'a plus aucun repère. Je garde l'espoir d'entrevoir quelque chose au loin, de pouvoir me raccrocher à un élément familier, mais rien ne change. Il n'y a plus que le néant.

Ne sachant que faire, je m'assieds sur la surface blanche. Elle n'est pas dure comme le serait le sol d'une maison, mais elle n'est pas molle non plus. Lisse, mate, elle m'évoque le papier vélin que ma mère utilise. J'étreins mes genoux serrés contre mon torse et m'efforce de réfléchir. Mon cœur bat la chamade, j'ai l'impression d'avoir du coton à la place du cerveau. Mes pensées se délitent à toute allure, et je prends une grande inspiration pour tenter de retrouver un peu de concentration.

Je m'encourage à voix haute :

– Allez, Annabelle. Tu peux le faire.

Les yeux fermés, je me balance d'avant en arrière, luttant pour me raccrocher à quelque chose, quand j'entends la voix d'Elliot, encore plus voilée qu'à l'ordinaire. C'est comme si j'écoutais un enregistrement de notre dispute sur la plage, sur une radio dont la fréquence serait mal réglée. Il me dit que, si ça se trouve, j'aime être écrite par quelqu'un d'autre, que mon excuse est toute trouvée quand je perds le contrôle et que les choses ne se passent pas comme je l'avais prévu.

Je murmure :

– C'est faux. Ce n'est plus ce que je souhaite.

Une image de lui apparaît dans ma tête, comme une photographie aux couleurs passées. Il est devant Little Boots et me demande de lui dire ce qui se passe entre nous. Je suis en train de disparaître, et j'ai le temps de songer que je n'aurai jamais l'occasion de lui dire ce que j'éprouve réellement.

Puis une autre image lui succède, et je vois Lucy sur le parking de l'école, ce fameux jour où tout a commencé.

– Certains de mes personnages demandent à être entendus, dit-elle en s'appuyant à sa voiture. D'autres restent sagement dans un tiroir, en attendant leur heure.

Je pose mon front sur mes genoux, réalisant que mon univers ne cesse pas simplement d'exister, mais que je vais « dans le tiroir », comme un manuscrit abandonné. Qui sait combien de temps je pourrais y passer en attendant que Lucy décide de me redonner une chance ? Je comprends à présent les termes qu'elle a employés lors de notre visite. *On va voir si ça te plaît*, a-t-elle dit. Elle savait ce qu'elle allait faire de moi. Elle a bien voulu arrêter d'écrire, mais elle n'avait pas l'intention de nous rendre notre liberté.

Rassemblant mes dernières forces, je proteste tout bas :

– Je n'irai pas dans un tiroir. J'essaie d'écrire mon histoire.

Je me redresse et, en posant une main sur le sol, je sens quelque chose de dur et de froid sous mes doigts.

C'est un stylo. Un vrai stylo, à bille. Je le ramasse prudemment et l'élève à hauteur d'yeux pour l'examiner. C'est bon de le sentir peser au creux de ma main.

Je songe alors à Ava. Elle a dit que c'était l'ambiguïté qui me faisait peur. Et que je devais l'accepter, en prenant mon temps. Je ferme à nouveau les yeux en baissant la tête pour me concentrer sur tout ce qui me terrifiait tellement. Que se passera-t-il si je ne respecte pas mon emploi du temps du dimanche ? Que se passera-t-il si je choisis de me jeter au cou d'Elliot ? Que se passera-t-il si je reviens de la fac l'année prochaine et que je dors dans une autre maison, occupée par un seul de mes parents ?

Et je réalise peu à peu qu'il se passera beaucoup de choses mais que, même si rien ne sera facile, aucune ne signera la fin de quoi que ce soit. Aucune ne me détruira. Parce que je suis Annabelle, et que je saurai toujours qui je suis, même si je doute parfois de ce que je veux.

Pour l'heure, je ne doute pas du tout. C'est Elliot Apfel que je veux.

J'ai terriblement envie de dormir, mais je sais que c'est impossible. Pas maintenant. Je ne pense qu'à Elliot. Combien j'aime être avec lui. Combien j'ai aimé cette soirée où nous avons traversé Venice à vélo. Combien c'était doux d'être blottie dans ses bras sur la plage. C'est précisément là où je veux me retrouver.

Je m'agenouille et débouche le stylo. Puis, en appui sur une main, je presse doucement la pointe sur la surface blanche qui s'étend devant moi, et je savoure la sensation du stylo qui glisse, laissant un trait d'encre dans son sillage. Alors, je commence à écrire.

J'ai le pouvoir, à présent.

Lentement, la scène que je couche sur le papier prend forme. Comme si elles émergeaient de la brume blanche qui m'entoure, j'entends soudain le bruit des vagues à Venice Beach, celui des mouettes au-dessus de moi, et je sens le sable sous mes doigts. Au loin, la mer se dessine : du bleu, de l'écume… et, sortant des eaux, une planche de surf sous le bras, Elliot.

26

Je suis Elliot, tu es Annabelle

– Voyons si j'ai bien compris, dit Elliot.

Nous sommes de nouveau sur la tour de surveillance des maîtres nageurs, enveloppés dans une couverture. Cela fait près d'une heure qu'Elliot a émergé du néant, néant qui s'est peu à peu dissous dans les embruns, et jusqu'ici, tout roule. En fait, ça ne pourrait pas aller mieux. Je le sens, tout au fond de moi : je suis libérée d'elle. Je me demande où est Will, et s'il éprouve déjà le même soulagement que moi. Je me demande s'il a essayé de griller un feu rouge ou de bâcler ses devoirs, s'il s'est aperçu que c'était désormais possible. Je me demande s'il sait qu'il est maître de son destin à présent. Je lui écrirai tout à l'heure, mais pour l'instant, je suis occupée.

Elliot a la tête appuyée à la façade de bois, et j'ai posé mon menton sur son épaule. L'air soucieux, il me caresse distraitement la tête.

– Tu as vraiment fini par comprendre que cette nana écrivait ta vie ?

– Oui.

– Et elle faisait tout pour que tu sois avec Will.

– Oui.

– Pas avec moi.

– Pas avec toi.

– Mais enfin, pourquoi pas ? s'écrie-t-il. Merci bien, Lisa Keating ou je ne sais qui !

Je pouffe, sans prendre la peine de le corriger. Je suis quasiment sûre qu'il l'a fait exprès, de toute façon.

– Et tu es allée jusqu'à Laurel Canyon pour plaider notre cause ?

– Ben, pour défendre mon libre arbitre aussi, mais oui.

Elliot m'embrasse sur le front.

– Je suis vraiment content que tu aies fait ça.

Je me sens profondément heureuse. Calme. Je ne m'inquiète pas de ce que j'ai prévu dans mon emploi du temps ni de ce que je dois planifier. À cet instant précis, plus rien ne m'importe. Je suis avec Elliot, comme il se doit. À vrai dire, je ne sais même pas avec certitude quel jour nous sommes.

– Mais sérieusement, on peut revenir sur mon cas une minute ? Qu'est-ce que j'ai fait de mal ? Qu'est-ce qui en moi est indigne d'Annabelle Bellybutton Burns ? gémit Elliot.

– Je pense… Hum, je pense qu'elle n'était pas convaincue que tu étais celui qu'il me fallait.

Elliot penche la tête de côté et m'examine attentivement :

– Elle n'était pas convaincue, ou tu n'étais pas convaincue ?

– Elliot, soupiré-je. Tu as tout vu, tout fait, mais tu n'as jamais été avec moi. J'ai vu les filles venir baver l'une après l'autre dans ce garage pendant vos répétitions. Et puis il y a eu Clara. Moi, je n'étais jamais sortie avec personne. Et on n'est pas franchement compatibles. Même quand tu as commencé à me faire des avances, tu n'avais pas l'air hyper sûr de toi.

Elliot remue les jambes pour se redresser. Je prends peur ; j'en ai trop dit. J'aurais dû la jouer plus décontractée. Mais il se contente de s'agenouiller face à moi pour me dévorer des yeux.

– Annabelle. J'ai toujours été avec toi. Même s'il m'a fallu un moment pour m'en rendre compte. J'étais tout le temps fourré dans ton garage. Dans ta chambre, sur ton fichu canapé, chaque fois que j'en avais l'occasion. Chaque fois que j'ai pu m'incruster pour le dîner, je suis resté. Tu penses que je me comporte comme ça avec tout le monde ?

Je hausse les épaules.

– Ben, ouais…

Je commence à rire, et Elliot se joint à moi.

– Eh ben non, figure-toi. Annabelle, tu es plus réelle que n'importe quel personnage pour moi. Plus que tous les gens que j'ai pu rencontrer. J'aime que tu parles avec franchise. Que tu dises parfois des choses qu'il vaudrait mieux éviter de dire. J'aime que tu t'intéresses à tout et que tu saches des trucs bizarres sur lesquels personne d'autre ne prend la peine de se pencher. Qu'elle aille se faire voir, cette meuf, avec ses histoires d'amour tirées par les cheveux. Je suis Elliot, tu es Annabelle. Je ne t'étais peut-être pas destiné, mais ça ne m'empêche pas d'être complètement fou de toi.

Je savais qu'être honnête à propos de mes sentiments envers Elliot me ferait du bien, mais je ne crois pas avoir soupçonné qu'il était capable de me dire des trucs pareils, à moi. J'en avais envie avant même de savoir que j'en avais envie. Elliot, affalé sur mon canapé, m'asticotant pendant que j'essayais de faire mes devoirs.

Elliot patinant autour de moi pour me tirer les cheveux. Elliot se défoulant sur sa batterie comme si plus rien d'autre ne comptait.

Je l'interroge :

– Mais qu'est-ce qui va se passer l'année prochaine ?

– Je n'en sais rien, Annabelle. On vient de se retrouver. Ce que je sais, c'est que maintenant, je veux être avec toi tout le temps, tous les jours. Je veux que tu sois dans mon histoire.

Il pose la main sur ma joue.

Je m'agite :

– Et si un jour, tu te réveilles et que tu n'as plus envie de tout ça ? Et si moi je n'en ai plus envie ? Qu'est-ce qui se passera ?

Elliot plonge son regard dans le mien.

– Tu ne peux pas traverser la vie en t'inquiétant sans arrêt de ce qui t'attend au tournant. Tu ne peux pas espérer qu'il t'arrive des trucs géniaux si tu ne prends pas de risques.

Il attend ma réponse sans me lâcher des yeux.

Je finis par hocher la tête :

– Moi aussi, je veux que tu sois dans mon histoire.

Alors, il se penche pour m'embrasser.

*

* *

Cette nuit-là, allongée dans mon lit, je repense à tout ce qui s'est passé ces dernières vingt-quatre heures. Comment j'ai presque tout perdu, jusqu'à moi-même. Et combien j'ai gagné en luttant pour retrouver mon existence.

Étonnamment, je m'aperçois que je comprends Lucy

Keating peut-être mieux que je ne m'en serais crue capable. À présent que j'ai rencontré l'amour, et que je me sais en mesure de le vivre, je réalise à quel point il serait douloureux de le perdre. Je n'en veux pas à Lucy d'avoir voulu changer la donne pour moi. Au fond, je me demande si je n'ai pas fait la même chose.

Mon téléphone vibre, coincé sous l'arrière-train de Napoléon, qui grogne dans son sommeil. C'est la première fois qu'il dort dans mon lit ; je n'y vois pas d'objection.

C'est un message d'Elliot, qui m'envoie une chanson. Celle qu'il m'avait déjà envoyée après notre dispute, et que je n'avais pas écoutée. Cette fois, j'appuie sur lecture.

Je l'ai déjà entendue, mais jamais vraiment écoutée. Dès les premières notes, mes oreilles s'ouvrent de ravissement. Au moment du refrain, quand Van Morrison répète « sweet thing » encore et encore, je suis définitivement conquise. C'est une vraie chanson d'amour.

AB : J'aime bien…

EA : Elle me fait penser à toi.

Je porte la main à mon visage, soulagée qu'il ne soit pas là pour me voir rougir. Et puis vient ce couplet :

And I shall drive my chariot
Down your streets and cry
"Hey it's me, I'm Dynamite
And I don't know why"[1]

1. « Et je conduirai mon char à travers les rues en criant : "Salut, c'est moi, je suis du tonnerre et je ne sais pas pourquoi." » *(N.d.T.)*

Je sais ce qu'il veut dire, parce que c'est exactement comme ça que je me sens, moi aussi. Moi aussi je pourrais sauter par-dessus les haies et beugler dans les rues que tout est fabuleux, parce que c'est le cas. Parce que j'ai Elliot.

EA : On l'écoute ensemble ?

AB : Comment ?

La seconde d'après, j'entends quelque chose cogner contre ma fenêtre. Dehors, sur ma pelouse, Elliot est là et lance des cailloux.

– Qu'est-ce que tu fabriques ?

– Est-ce que c'est assez romantique pour toi ? chuchote-t-il très fort en ouvrant grand les bras.

Je suis heureuse, pour une fois, que mon père ne soit pas à la maison, et que ma mère dorme comme une bûche. La pluie se met à tomber.

Je chuchote à mon tour :

– Où est-ce que tu as trouvé une idée pareille ?

– Ça m'a énervé que Lucy ne me trouve pas assez bien. J'ai cherché « histoires d'amour classiques entre ados » sur Internet. Il y avait une tonne de références aux années 1980. Laisse-moi entrer, maintenant. Je suis trempé et je veux écouter *Sweet Thing* avec toi.

J'acquiesce d'un sourire, et Elliot entreprend d'escalader la maison en s'aidant de la gouttière et du toit de la galerie.

Après s'être glissé par la fenêtre de ma chambre, il se redresse face à moi, et nous nous contemplons sans mot dire. Ça y est. Je réalise que je tremble un peu ; je ne me suis jamais sentie aussi nerveuse. C'est épouvantable et délicieux à la fois.

– Tu es tout mouillé, dis-je en allant chercher une serviette à la salle de bains.

Quand je reviens, Elliot s'est mis torse nu. Je m'arrête sur le seuil.

– Ça ne te gêne pas ? demande-t-il.

– Non, non, couiné-je.

Reste cool, AB, me dis-je. La serviette à la main, je m'avance vers lui et, comme un poney prêt à se laisser brosser la crinière, il penche docilement sa tête dégoulinante vers moi.

Je ris doucement et lui jette la serviette sur la tête avant de lui frotter le crâne. Puis je la pose sur ses épaules et continue de lui sécher doucement les bras. Chaque cellule de mon corps palpite d'émotion alors que je n'ai même pas encore croisé ses yeux. Quand je m'y risque, ils sont mi-clos, mais bel et bien braqués sur moi.

– Salut, Annabelle.

– Salut, Elliot, dis-je avant de déglutir.

Il me retire alors la serviette des mains et la laisse glisser à terre. Puis il pose ses paumes sur mes joues et m'embrasse.

Nous nous embrassons et nous embrassons, encore et encore, avant de finir emmêlés sur le canapé.

– Ça fait des années que j'essaie de t'attirer sur ce canapé, dit Elliot de sa voix éraillée.

Je lui décoche une pichenette sur l'épaule et réplique avec malice :

– Ma parole, tu t'y prenais comme un manche…

Je suis allongée sur lui et, du bout des doigts, je lui

caresse le front en suivant la bordure de ses cheveux. Quand j'atteins ses oreilles, il se met à ronronner.

– C'était une stratégie à long terme, explique-t-il.

Je recommence à rire. Elliot rit avec moi, puis change de position, et je me retrouve nichée contre sa poitrine. Sa respiration redevient peu à peu plus régulière.

Nous restons ainsi, pelotonnés l'un contre l'autre, tandis que les violons de *Sweet Thing* rejoignent la guitare. Écouter cette chanson, c'est un peu comme tomber amoureux.

– C'est parfait, dis-je en laissant mon corps s'alanguir.

La tête posée sur lui, je songe : *Rien n'est acquis*. On ne s'est fait aucune promesse. Mais j'ai dix-sept ans, et le plus bel endroit du monde c'est ici, sur ce canapé, avec ce garçon, et cette chanson qui tourne en boucle. Tout sera peut-être différent demain. Mais peu m'importe.

27

Merci de faire partie de mon histoire

– Réveille-toi, Annabelle, dit une voix.

J'ouvre les yeux. Sam est penché sur moi, sa combinaison de surf sur le bras. Dehors, il fait à peine jour.

Je grommelle :

– Qu'est-ce que tu veux ?

– C'est la remise des diplômes aujourd'hui. Alors on va surfer. Maintenant.

– Quelle heure il est ?

– 6 heures.

– Et si je n'en ai pas envie ?

– C'est exactement pour ça qu'on doit y aller, dit-il en se redressant pour regarder autour de lui.

Des vêtements, des livres et des cochonneries diverses jonchent le sol et toutes les surfaces disponibles.

– Mais enfin, qu'est-ce qui se passe ici ?

– Ça va, tu peux parler, dis-je en m'asseyant au bord du lit. Ta chambre a cette tête-là après que tu as fait le ménage !

– Oui, mais c'est de moi qu'on parle, dit Sam en ramassant quelques canettes de Coca Light qui traînent pour les jeter à la poubelle.

– Peut-être que je teste une nouvelle façon de faire, dis-je en haussant les épaules.

– Eh bien, arrête. C'est dégueu.

Je reste assise et lui jette un regard de défi.

– Ne m'oblige pas à te faire sortir de force, me prévient Sam. Tu sais que je n'hésiterai pas.

C'est bien le problème. Alors, levant les yeux au ciel, je me lève avec effort et pars enfiler ma combinaison de surf.

*

* *

Le soleil se lève tandis que mon frère nous conduit à la plage. Je laisse ma tête basculer vers l'arrière et je ferme les yeux.

– Si tu fais ça parce que papa et maman te l'ont demandé, c'était vraiment pas la peine, dis-je.

– Ils ne m'ont rien demandé, répond Sam.

– Alors si c'est pour me parler d'Elliot ou du divorce, laisse tomber, dis-je après un silence.

Nous n'avons pas l'habitude de parler à cœur ouvert, et puis je n'ai vraiment pas envie de m'étendre sur ces sujets.

– J'avais pas prévu de parler d'Elliot, se contente de répondre Sam. J'ai juste envie d'emmener ma petite sœur faire du surf, comme au bon vieux temps.

J'ai annoncé à ma famille que je sortais avec Elliot il y a quelques jours, lors du petit déjeuner, avec une certaine théâtralité. J'avais même rapporté des Bons Cafés pour l'occasion. Pour être honnête, j'espérais les choquer ; mais à ma grande déception, mes parents se sont contentés de sourire, et Sam a haussé les épaules sans même lever le nez de ses œufs brouillés. Il n'était pas enchanté, mais pas vraiment surpris.

La plage est presque vide ce matin, et seuls quelques surfeurs épars profitent des vagues. Le soleil s'est détaché de la ligne d'horizon et éclaire notre partie du monde. Nous passons presque deux heures fabuleuses dans l'eau. Tous les muscles de mon corps me supplient d'en rester là, mais je m'amuse beaucoup trop pour céder à la fatigue.

Après une ultime vague qui m'a portée jusqu'au rivage, je sors enfin de l'eau. Sam me regarde avec intensité, à califourchon sur sa planche.

– Oh là là… dis-je.

Je connais cette tête. Il s'apprête à me déclamer un truc.

– Écoute-moi, s'agace Sam. Je n'en ai pas pour longtemps.

Je lève les yeux au ciel, mais ne bronche pas.

Sam prend une grande inspiration.

– Je ne laisserai jamais rien t'arriver, tu le sais ?

– Quand ? Où ? Ici ? Sam, je n'ai plus peur des requins depuis des années, mais merci quand même.

Sam secoue la tête.

– Ici, ailleurs… Ce que j'essaie de dire, AB, c'est que ce n'est pas parce que papa et maman se séparent que tu es complètement livrée à toi-même. Je suis ton grand frère. C'est mon boulot de veiller sur toi.

Soudain, je sens les larmes me monter aux yeux. Pas seulement parce que mon frère ne m'a jamais rien dit de tel, ni parce que je lui suis reconnaissante de prendre soin de moi. Mais parce que, pour la première fois, à cet instant, je peux admettre que j'ai réellement peur. Sans le formuler à voix haute, j'avais plus ou moins espéré qu'une fois débarrassée de Lucy Keating, je verrais mes parents se rabibocher comme par magie.

Comme si tout ça n'avait été qu'un mauvais rêve. Mais ce n'est pas ce qui s'est passé. Mon père dort toujours dans sa tanière au fond du jardin, et ma mère continue d'avancer dans ses projets en pilote automatique, manifestement fragilisée, tâchant de garder la tête hors de l'eau, vivant au jour le jour. Tout comme Elliot a lutté pour être avec moi, peut-être que mes parents n'aspiraient qu'au divorce depuis un moment.

– Et si tu ne peux pas veiller sur moi ? dis-je. Et si tu pars en tournée, et qu'en rentrant pour les vacances je dois passer Thanksgiving en tête à tête avec papa ou maman, toute seule ? Ça va être horrible.

– Ça n'arrivera pas.

– Comment tu le sais ? dis-je en essuyant une larme, soulagée qu'on soit déjà trempés de la tête aux pieds.

– Parce que papa et maman sont bizarres, donc ils voudront sans doute quand même passer les fêtes ensemble. Et même si ce n'était pas le cas, je serai toujours là. Où que je sois, je reviendrai.

Les yeux rivés à ma planche, je demande :

– Promis ?

– Promis juré. Sur la tête de Napoléon.

Je renifle en laissant échapper un éclat de rire. Mon frère m'observe avec un drôle de sourire, l'air triste.

– Alors, moi aussi je le promets, dis-je en souriant à travers mes larmes.

*

* *

Lorsque nous arrivons à La Maison, mon père est justement sur le point d'emmener notre empereur miniature en promenade.

– Vous vous êtes bien amusés ? nous demande-t-il.

– Annabelle a assuré comme une bête, répond Sam en déchargeant nos planches. Elle devient vraiment bonne.

– Meilleure que son vieux père ?

– Elle te rattrape, c'est clair, rigole Sam.

– Hé, AB, appelle mon père en atteignant le portail, Napoléon sur ses talons. Il y avait quelque chose pour toi devant la porte, quand je suis sorti ce matin. Une lettre. Je l'ai posée sur ton lit.

– Merci, papa, dis-je en allant mettre ma combinaison à sécher.

– Encore une chose, Annabelle ! me hèle-t-il.

– Oui ?

– Je n'aurais jamais cru devoir te le dire un jour, mais pour l'amour du Ciel, range ta chambre ! dit-il sévèrement.

Puis il sourit.

*

* *

J'entre dans ma chambre avec une énergie renouvelée, et m'attelle aussitôt à la tâche. J'entasse les vêtements dans un coin, je jette les ordures à la poubelle et j'empile les livres sur mon bureau. Ce n'est qu'au moment de faire mon lit que j'aperçois l'enveloppe.

D'une écriture que je connais trop bien désormais, on a griffonné mon adresse :

Annabelle Burns, 732 Oakwood Avenue, Venice, CA

Sentant mon cœur s'emballer, je déchire l'enveloppe, et une missive s'en échappe, rédigée sur le fameux papier à lettres bleu à en-tête : Envoyé du bureau de Lucy Harrison Keating.

Annabelle,

Je voulais m'excuser auprès de toi pour plusieurs choses. Je suis désolée d'avoir pris le contrôle de ta vie. Je suis désolée de ne pas t'avoir écoutée quand tu m'as demandé d'arrêter. Je suis désolée d'avoir laissé mon propre chagrin d'amour imprégner ton histoire. Mais surtout, je suis désolée de ce que je vous ai fait subir, à toi et à Elliot. Je sais que tu l'aimes.

À cet égard, j'ai deux remarques à te faire. Premièrement, lui aussi t'aime. Crois-moi. Deuxièmement, votre relation est tout à fait réelle. Ce n'est pas moi qui l'ai inventée. Elliot n'était qu'un personnage secondaire, mais il s'est frayé un chemin dans ton histoire pour être avec toi.

Quant à toi, AB… Tu es un personnage génial, mais je crains de ne pas y être pour grand-chose. C'est peut-être moi qui t'ai créée, mais ton caractère a toujours été très affirmé. Telle est ta nature, que ça te plaise ou non.

La suite dépend de toi, Annabelle. Tu trouveras toi-même ton happy end, et ça ne reposera pas sur la personne qui sera à ton côté. C'est ce que je commence tout juste à comprendre.

À une prochaine fois,

Lucy Keating

Je m'assieds sur mon lit en relisant la lettre. Des excuses de la part de Lucy Keating ? Je ne l'en aurais pas crue capable.

Qui plus est, elle a raison. C'est vrai qu'Elliot et moi nous sommes battus pour être ensemble, et que ce que nous vivons n'a rien d'imaginaire.

Et surtout, surtout, je l'aime.

*

* *

Parler en public n'a jamais été particulièrement problématique pour moi. J'ai vu des gens se liquéfier à la perspective de prendre la parole devant des inconnus, et d'autres se cramponner de leurs mains tremblantes à un discours scrupuleusement rédigé à l'avance. Mais pour moi, comme tant d'autres tâches dans la vie, c'est simplement quelque chose qu'on fait quand on vous demande de le faire. En quoi cela peut-il aider d'être nerveux ?

Il y a toutefois une question qui me trotte dans la tête, tandis que je monte sur l'estrade de l'auditorium de Cedar Spring pour m'adresser en tant que major de ma promotion à mes camarades de classe, mes professeurs, mes amis et ma famille. Je me demande ce que je devrais choisir de faire de ce moment. On ne sera sans doute pas surpris d'apprendre que j'avais préparé mon discours dès le début de l'année. J'avais prévu de faire référence à Diane Sawyer, à son intelligence et à sa détermination, et de citer le conseil qu'elle donne aux jeunes gens comme moi : de toujours « viser haut ».

Mais alors que je pose les yeux sur mes notes consciencieusement préparées, je sens que quelque chose cloche. Et, quand j'ouvre la bouche pour parler, c'est une autre femme de l'Histoire que j'évoque. Quelqu'un à qui personne ne s'attendait, moi encore moins que les autres.

– Ceux qui me connaissent savent que je réfléchis à mon avenir quasiment depuis la naissance, dis-je en souriant à la foule, dont quelques rires me parviennent. Depuis que je suis toute petite, cet avenir a toujours impliqué de devenir journaliste. J'adore explorer les faits, dans l'actualité comme dans l'Histoire, et révéler le sens du monde. Il n'y a pas très longtemps, je suis tombée sur l'histoire de celle qu'on appelle la jeune fille d'Egtved. Le tombeau de la jeune fille d'Egtved a été découvert au XIXe siècle, dans une zone marécageuse du Danemark. Ce n'était qu'une adolescente quand elle est morte, mais au moment de son exhumation elle avait près de quatre mille ans.

Je laisse quelques secondes à ce chiffre pour frapper les esprits, puis je reprends :

– Les experts ont pu constater qu'elle était plutôt petite pour son époque, environ un mètre soixante, et qu'elle portait une tenue étonnamment moderne : ce qu'on peut considérer fondamentalement comme une mini-jupe et un tee-shirt en laine. Ils ont vu que ses cheveux étaient blonds et coupés court. Autrement dit, cette jeune fille d'Egtved, j'ai réalisé qu'elle avait beaucoup de points communs avec… *moi*.

Comme je m'y attendais, le public semble apprécier la comparaison.

– Ces dernières semaines, j'ai remarqué que je pensais souvent à cette jeune femme. Lorsqu'ils l'ont découverte, les archéologues pensaient qu'elle était originaire de la région où on l'avait trouvée. Mais presque un siècle plus tard, en procédant à des analyses de ses ongles, des fibres de ses vêtements et des objets qui avaient été enterrés avec elle, les scientifiques ont pu déterminer qu'elle avait voyagé sur de grandes distances. Peut-être à pied, peut-être en bateau, peut-être un peu des deux. Je me suis demandé à quoi sa vie avait ressemblé. Et mourir si jeune, à quoi cela a-t-il pu correspondre ? Dans quatre mille ans, si l'humanité est toujours là, que diront les gens de moi ?

J'avale ma salive, choisissant mes mots avec soin.

– Je crois que le message que je voudrais faire passer à mes camarades est le suivant : on ressent souvent une certaine pression sur nos épaules, et parfois on ne s'aperçoit même pas que cette pression existe. Alors, j'aimerais vous donner ce conseil : ne craignez pas de vous surprendre. Les gens croyaient avoir tout compris de la fille d'Egtved. Ils pensaient avoir affaire à une ado du coin qui n'avait pas vu grand-chose dans sa vie. En réalité, il se trouve qu'elle avait énormément voyagé. Il est même possible qu'elle ait été quelqu'un de très important. Peut-être a-t-elle été à l'origine de grands bouleversements, dans sa très courte vie… Quant à moi, mon projet n'a pas changé : j'ai toujours l'intention d'aller à Columbia cet automne et de me lancer dans une carrière de journaliste. Je ne le fais pas parce que c'était mon projet initial ; c'est mon projet parce que c'est ma passion. Mais je suis déterminée à ne pas suivre une carrière toute tracée. Je n'ai aucune idée des surprises que me réserve l'avenir. Ce que j'ai prévu, désormais, c'est de réaliser mes rêves. J'ai prévu de me surprendre moi-même et d'écrire ma propre histoire. J'espère, quel que soit votre âge, que chacun de vous choisira de faire de même. Merci.

Je descends de l'estrade tandis qu'un tonnerre d'acclamations retentit ; je vois en retournant à ma place qu'une personne n'est pas en train d'applaudir. C'est Elliot. Il me regarde, le visage illuminé d'un immense sourire.

*
* *

Je suis en train d'enfourner un brownie, ma toque de diplômée sous le bras, quand je tombe sur Ruth Epstein.

– Je n'aurais pas pu être plus fière de toi ! s'exclame-t-elle en joignant les mains, et ses bracelets tintinnabulent d'approbation.

– Vraiment ?

– Vraiment ! Quelle histoire inattendue et intelligente tu nous as racontée là, ajoute-t-elle en secouant la tête. Tu feras une grande journaliste, Annabelle Burns.

– Ça me touche beaucoup, merci, dis-je en la serrant dans mes bras.

– Et bravo pour ton projet final, par ailleurs, murmure-t-elle à mon oreille en me maintenant plaquée contre elle. Je ne rendrai les devoirs que la semaine prochaine, mais tu as été magistrale. J'ignore où tu as pu pêcher cette idée extravagante d'une guerre entre une écrivaine et son personnage, mais tu m'as époustouflée.

Je l'étreins plus fermement. Elle n'a pas besoin de savoir que je n'ai inventé qu'une toute petite partie du récit. Qu'une fois de plus, j'ai seulement raconté une histoire qui existait déjà. Mais, pour être honnête, je m'en fiche un peu. On ne peut pas être parfait tout le temps. Parfois, il faut simplement faire de son mieux. Et au fond, je trouve assez savoureux d'avoir fini par retourner la situation à mon avantage, après tout ce que Lucy m'a fait subir.

– Salut, Annabelle, dit une voix familière, et je me retourne pour trouver Will, qui attend patiemment son tour. Tu as été géniale, me félicite-t-il.

– Merci, Will.

Après un silence qui dure un instant de trop, j'ajoute :

– Alors, quoi de neuf ?

Nous avions décidé d'un commun accord de nous éloigner un peu l'un de l'autre, après tout ce qui s'était passé, pour que Will puisse réfléchir calmement à celui qu'il était, et à ce qu'il voulait.

– Eh bien, dit-il en se penchant vers moi, l'air soudain espiègle, regarde ça.

Il se tourne en soulevant le pan de sa chemise blanche impeccable, découvrant un tatouage sous son omoplate. Il est petit, mais il fait son effet.

– C'est hawaïen, m'explique-t-il, tout excité. Je l'ai trouvé dans un vieil album de photos de famille. Je suis allé au salon de tatouage, et personne n'a essayé de m'arrêter. C'était grisant !

– C'est merveilleux ! dis-je en l'étreignant.

– Alors, tu es impatiente d'aller à New York cet automne ?

– Carrément, dis-je. Et toi, où vas-tu ?

– En fait, euh… (Will rougit et baisse les yeux.) Je crois qu'on ne sera pas très éloignés l'un de l'autre. J'ai été accepté à Yale il y a quelques jours.

– Oh ! mais c'est *fantastique* ! Félicitations. On se verra peut-être là-bas, alors.

– J'aimerais vraiment, oui. Qui sait ? Peut-être qu'un

de ces jours on se retrouvera de nouveau dans la même histoire, toi et moi…

Il me décoche une ultime fois l'un de ses sourires ravageurs, puis s'éloigne pour aller embrasser sa mère. Je le regarde un instant sans bouger, avant de lui courir après.

– Will, dis-je en l'attrapant par l'épaule.

Il pivote pour me faire face.

– Quoi ?

– Je… Je voulais juste te remercier.

– De quoi ? demande-t-il, mi-troublé, mi-enchanté.

– D'avoir fait partie de mon histoire. Je ne m'en serais pas sortie sans toi.

– Mais si, tu t'en serais sortie, dit Will en penchant la tête.

– Bon, d'accord, peut-être. Mais c'était bien plus amusant avec toi.

*

* *

– Tu as une demi-heure pour ramener tes fesses à la maison, sinon on part à Palm Springs sans toi ! hurle Ava dans le téléphone.

Derrière elle, j'entends Lee brailler.

– Qu'est-ce qui se passe ? dis-je en jetant ma toque et ma toge sur mon lit. Pourquoi est-ce que vous criez comme ça en permanence ?

– On ne te le dira pas tant que tu ne seras pas là ! beugle Ava.

Je n'ai pas le temps de lui dire que j'arrive qu'elle a déjà raccroché. Nous avons organisé un week-end de fête entre filles dans le désert. C'est prévu depuis décembre ; je suis tellement enthousiaste que j'ai presque envie de partir sans rien emporter.

C'est pour cette raison qu'il me faut une bonne minute et demie avant de m'apercevoir qu'Elliot est allongé sur mon canapé, les yeux au plafond.

– Oh. Salut, dis-je.

– J'espère que ça ne te dérange pas que je sois là. Ta mère m'a laissé entrer.

– Bien sûr que non, ça ne me dérange pas.

J'ai répondu sur le ton de l'évidence, mais je ne me suis toujours pas approchée de lui.

– Tu es bizarre, observe-t-il. Tu n'as pas répondu à mes textos. Je sais que c'est ce que tu fais quand tu as un problème que tu n'arrives pas à résoudre.

Je hoche la tête, avant d'admettre :

– C'est vrai.

– Ton discours… commence-t-il.

– Inattendu ?

– Génial. (Il s'assied et se passe la main dans les cheveux.) Tu me surprendras toujours, Bellybutton.

J'hésite en me dandinant un peu sur place, mais je ne tiens pas longtemps avant de le rejoindre sur le canapé. Sans un mot, je passe mes bras autour de sa taille, et les siens viennent envelopper mes épaules.

Nous nous étendons, serrés l'un contre l'autre, et je soupire :

– J'ai la trouille.

– Je sais, dit Elliot.

– Et si on n'y arrive pas ?

Il pose son menton sur ma tête.

– J'ai envie de te dire qu'on y arrivera, mais on sait tous les deux que je ne peux pas faire ça. On n'est plus dans un roman de Lisa Keating.

Je glousse dans son cou. Elliot refuse d'appeler Lucy Keating autrement que Lisa. C'est systématique. C'est sa manière de se rebiffer, de lui rendre la monnaie de sa pièce. Ça me fait rire.

– Tu pourrais venir avec moi ? dis-je. À New York.

– Je pourrais, répond Elliot en éveillant chez moi une lueur d'espoir. Un jour, peut-être. Mais pas tout de suite. Look At Me, Look At Me s'est fait un nom ici, à Los Angeles. Ce serait une erreur de bouger maintenant.

– Mais… Et si tu rencontres une fille canon un soir à une fête et que, contrairement à moi, elle *sait* jouer d'un instrument, genre, vraiment bien ? Et qu'elle te plaît plus que moi ?

Telles sont les pensées qui m'agitent dernièrement, et me tiennent éveillée une partie de la nuit.

– Ça n'arrivera pas, répond Elliot en secouant la tête.

– Et si moi j'ai, mettons, le conseiller de résidence le plus sexy de tout le campus, en gros le prince de Columbia, et qu'on commence à traîner ensemble tout le temps et…

– Premièrement, m'interrompt Elliot, ne me parle plus jamais de situations hypothétiques comme celle-là. Deuxièmement, notre vie va changer. On le sait tous les deux, et on sait que c'est inéluctable. J'ignore ce qui va nous arriver ; tout ce que je sais, c'est que je ne veux pas te perdre.

Je ferme les yeux. Il a raison. Je ne veux pas être vulnérable. Mais je me dis qu'au moins pour cette fois je pourrais lâcher du lest.

J'admets :

– Je ne veux pas te perdre non plus.

– Je sais que ça a l'air dingue, confesse Elliot, mais je veux seulement savoir que je peux venir ici et m'asseoir sur ce canapé. Ce canapé est très important pour moi.

J'entends battre son cœur.

– Pour moi aussi, dis-je.

Même si nous savons tous les deux qu'il n'est pas vraiment question du canapé. Le canapé ne sera même plus là bientôt. Nous restons dans les bras l'un de l'autre, ma tête fourrée dans le cou d'Elliot. Nous n'écoutons pas *Sweet Thing* – si Lucy écrivait ceci, elle aurait probablement lancé la chanson –, mais j'entends les violons résonner dans ma tête.

– Je t'aime, Annabelle, dit Elliot.

Il incline la tête pour me regarder et, du bout des doigts, je caresse son visage en suivant les taches de rousseur, comme d'habitude. Nous nous embrassons.

Quelques minutes plus tard, je lui dis :

– Tu seras toujours mon premier amour, Elliot. Cela dit, comme je ne suis jamais vraiment sortie avec personne d'autre avant toi, j'imagine que ça ne compte pas des masses.

Elliot ne répond pas tout de suite.

– Toi aussi, tu seras toujours mon premier amour. Et comme moi je suis déjà sorti avec pas mal de monde, je peux te dire que ça compte beaucoup.

28

Ce n'est pas exactement ce que ça veut dire

Nous sommes mardi après-midi, il est 15 heures et, techniquement, je devrais être en cours d'anglais à Columbia. C'est ce qu'indique mon calendrier, en bleu. Mais je n'y suis pas. Je suis dans les locaux de la Warner Bros., sur le plateau de *Par-delà les océans*, et je regarde Elliot se faire maquiller avant que le tournage ne débute.

Oui, *Par-delà les océans*, l'adaptation éponyme du roman de Lucy Keating.

Au final, JJ Jermaine a assuré pour son plus grand fan, et Look at Me, Look at Me n'a pas seulement été choisi pour composer la bande originale du film, mais aussi pour jouer son propre rôle dans la scène du bal de promo. Clara porte une robe bouffante en taffetas, et les garçons sont habillés en smoking bleu ciel et ceinture de soie plissée. Ils devraient être ridicules, mais ils sont plutôt hyper élégants, en fait. Surtout Elliot. Il croise mon regard et m'adresse un clin d'œil alors qu'on lui recouvre les joues de fond de teint. Je souris et baisse les yeux ; après tout ce temps, il me rend toujours aussi nerveuse.

– Ne cachez pas ses taches de rousseur, dis-je à la maquilleuse qui lève les yeux au ciel.

Elliot m'avait invitée à venir assister au tournage, et j'ai décidé de revenir passer quelques jours à Los Angeles. Ça ne signifie pas que je ne prends pas la fac au sérieux. C'est dans mes gènes, d'être sérieuse. Mais j'ai appris à profiter un peu plus de la vie. À bousculer mes habitudes, comme dirait mon père. Et, de toute façon, je pourrais réussir l'examen d'anglais les doigts dans le nez, alors je ne m'inquiète pas trop.

Sentant mon estomac gargouiller, je me dirige vers la table de régie en quête d'un cookie aux pépites de chocolat, quand je tombe nez à nez avec Diane Sawyer. Avec son pantalon noir et son éternelle chemise blanche, elle est parfaite, comme d'habitude.

– Excusez-moi ! dit-elle en posant une main sur sa poitrine, comme si elle avait vu un fantôme, avant de disparaître comme elle est apparue.

Je reste un instant plantée là, bouche bée et, dans ma tête, toutes les choses que j'ai toujours voulu lui dire virevoltent comme une nuée d'étourneaux.

– Éblouie par la star ? m'interroge une assistante de plateau en passant.

– Je suis sa plus grande admiratrice, dis-je dans un souffle.

L'assistante s'arrête.

– Tu n'es pas un peu jeune pour être fan de Diane ? dit-elle en me lançant un clin d'œil malicieux.

– Qu'est-ce qu'elle fait là ? demandé-je en choisissant d'ignorer sa plaisanterie.

– Elle est là pour interviewer Lucy Keating. C'est l'auteure de...

– Je sais qui c'est.

L'assistante hoche la tête.

– Quoi qu'il en soit, elle est sur le plateau aujourd'hui, et Diane était en ville pour une cérémonie de remise de prix. Ils ont décidé de filmer l'entretien ici. Si tu te dépêches, tu pourras peut-être y assister.

J'hésite, ennuyée à l'idée de rater la prestation d'Elliot et de Sam.

– Vas-y, dit Elliot en arrivant derrière moi.

Il m'embrasse sur la joue et prend un bagel avant d'ajouter :

– On ne tourne pas avant une heure, de toute façon.

– Je t'aime ! dis-je avant de détaler.

*

* *

– C'est un honneur de vous recevoir dans notre émission aujourd'hui, dit Diane Sawyer à son invitée. Félicitations pour le succès de *Par-delà les océans*. Tout le monde est très enthousiaste au sujet du film. Je crois que j'ai dû vider une boîte entière de mouchoirs en lisant le livre !

– C'est un plaisir pour moi d'être ici, Diane, répond Lucy Keating.

Elle est pleine d'assurance, très distinguée avec son chemisier gris et son rouge à lèvres habituel. Je remarque qu'elle a changé de lunettes, et opté pour une monture en écaille.

– Avant d'en venir au film, je sais que tout le monde dans le public ici a une question à l'esprit : travaillez-vous sur un nouveau roman ?

Diane croise les jambes avec élégance en laissant une main reposer délicatement sur son genou. Je songe : *On pourrait écrire un livre sur sa gestuelle.*

– J'ai un projet en cours, oui, dit Lucy. Je ne peux pas vraiment encore en parler, mais je suis en mesure de vous dire que je vieillis ; l'histoire se déroulera à l'université.

Une sensation familière me parcourt l'échine.

– Comme c'est excitant ! s'exclame Diane. Y aura-t-il une histoire d'amour ?

Lucy répond par un sourire malin.

Je lève les yeux au ciel. C'est alors qu'une fille en pleine conversation téléphonique arrive, non loin de moi.

Elle parle fort :

– C'était *littéralement* le mec le plus craquant que j'aie jamais rencontré ! s'exclame-t-elle.

J'ai envie de lui dire que ce n'est pas exactement ce que ce mot veut dire, mais je me tais. Toute notre génération l'utilise de travers, de toute façon. Quel mal y a-t-il à vivre en s'éloignant un peu du script ?

Remerciements

À mes éditrices, Sara Shandler, Hayley Wagreich, Jocelyn Davies – ce livre est autant le vôtre que le mien. Merci de m'avoir guidée jusqu'au bout et d'avoir accueilli chaque nouvelle version avec un enthousiasme sincère, même quand nous avions toutes la tête farcie de texte. J'apprends de chaque commentaire que vous ajoutez dans les marges, même quand je commence par pousser des hauts cris (surtout quand je n'ai pas encore bu assez de café… toutes mes excuses !).

À mes partenaires de réflexion : Josh Bank, espèce de taré, merci d'avoir fait ce rêve où je kidnappais un de mes personnages, et qui a donné l'impulsion à toute cette folle histoire. À Joelle Hobeika, merci, comme d'habitude, de nous avoir fait revenir sur terre.

À mon agent, Pete Knapp, merci d'avoir fait ton entrée sur scène pour tout améliorer, alors que tout ce que je t'apporte, moi, ce sont des crèmes glacées. Et merci, bien sûr, de m'avoir présenté le chien Louis, l'âme sœur de Napoléon.

À ma colocataire, Zana Lawrence, merci de m'avoir supportée de l'autre côté de la cloison, et d'être là pour me rappeler que nous faisons tous de notre mieux.

À mes parents, Marty et Mike, merci de m'affirmer que parfois, vous savez quoi ? Ce n'est pas grave de rendre quelque chose en retard.

À ma famille, papa, maman, Mike, Andy, Shannon, Laura, merci de ne m'avoir jamais fait culpabiliser de passer les vacances à la bibliothèque plutôt que là où je voulais réellement me trouver : sur le canapé, avec vous, devant un film.

À mes amis : vous vous reconnaîtrez. Merci pour votre mansuétude, votre sagesse et votre amour inconditionnel.

À Dave Ferino, merci de m'avoir fait découvrir Animal Man !

À ma première prof d'anglais au lycée, Meredith Price, merci d'avoir fait d'Andover un endroit bien moins effrayant.

Aux élus de mon cœur, ceux qui m'ont fait sourire et ceux qui m'ont fait pleurer, ceux qui se sont pointés en smoking le jour de la Saint-Valentin, ceux qui n'ont finalement pas pris l'avion, et ceux qui ont embarqué.

À Ernie Bear, la plus petite et la plus charmante créature qui soit.

L'auteure

Lucy Keating, écrivain et scénariste pour la télévision, a grandi à Boston mais vit aujourd'hui à Los Angeles. Elle est accro à la musique et dingue de son chien Ernie, qui a son propre compte Instagram. Après *Dreamology*, elle revient avec *Mot à Mot*, tout aussi fantaisiste, romantique et pétillant.

pcacmb
édition pré-presse
livres numériques

44400 Rezé

IMPRIM'VERT®

PEFC™ 10-31-1510

Imprimé en France
par Corlet imprimeur
14110 Condé sur Noireau
en février 2018
N° d'imprimeur : 195061
Dépôt légal : mars 2018
ISBN : 978-2-7499-3317-7
LAF 2405